A Magia da Transição
Intenções Poderosas para o Novo Ano
Isabella King

Copyright © Isabella King 2023

Todos os direitos reservados.
Nenhuma parte deste livro pode ser reproduzida por qualquer meio sem a autorização por escrito do titular dos direitos autorais.

Imagem da capa © Vellaz Studio
Revisão por Marcus Assif
Projeto gráfico por Sergio Ceres
Diagramação por Andre Martins
Todos os direitos reservados a: Vellas Publishing

Sumário

Prólogo 5
Capítulo 1 Introdução aos Rituais de Passagem de Ano 8
Capítulo 2 Preparação Mental e Espiritual para o Ritual 15
Capítulo 3 Escolhendo o Ambiente Ritualístico 23
Capítulo 4 Elementos Fundamentais do Ritual 32
Capítulo 5 Definindo Intenções para o Novo Ano 40
Capítulo 6 Rituais de Limpeza e Purificação 49
Capítulo 7 Ritual de Despedida do Ano Velho 58
Capítulo 8 Ritual de Boas-Vindas ao Ano Novo 67
Capítulo 9 Rituais de Proteção para o Ano Novo 76
Capítulo 10 Rituais de Abundância para o Ano Novo 84
Capítulo 11 Rituais de Cura Emocional 93
Capítulo 12 Rituais de Fortalecimento Espiritual 102
Capítulo 13 Integração de Símbolos Astrológicos 111
Capítulo 14 Uso de Música e Mantras nos Rituais 119
Capítulo 15 Cerimônias de Renovação com a Lua e os Astros 128
Capítulo 16 Rituais de Gratidão pelo Ano Passado 137
Capítulo 17 Rituais de Saúde e Bem-Estar para o Ano Novo . 146
Capítulo 18 Rituais de Conexão com a Natureza (Parte 1) 153
Capítulo 19 Rituais de Relacionamento e Harmonia Familiar 161
Capítulo 20 Rituais de Celebração da Amizade 167
Capítulo 21 Rituais de Perdão e Liberação de Mágoas 173

Capítulo 22 Rituais de Manifestação de Sonhos e Metas 179
Capítulo 23 Fechamento do Ciclo Anual e Celebração 185
Epílogo 191

Prólogo

Há momentos na vida em que o tempo parece se desdobrar em portas invisíveis, e o universo sussurra a quem tem ouvidos atentos. Este é um desses momentos. Um novo ciclo desponta, e você está prestes a atravessar o umbral que separa o que foi do que será. O livro que você tem em mãos é mais do que páginas, é um convite. Um chamado para explorar os mistérios da transição, da renovação e da profunda alquimia espiritual que acontece quando nos permitimos liberar o velho e abraçar o novo com toda a nossa essência.

Imagine por um instante que este novo ciclo não é apenas a virada de um calendário, mas uma oportunidade extraordinária para cocriar sua realidade. Os antigos sabiam, e você também sabe, ainda que nas profundezas da sua alma, que as forças que regem a passagem de um ano para o outro são poderosas. Há uma magia sutil, quase imperceptível, flutuando no ar durante este período, e você está no centro disso tudo. Este livro é o guia para desvelar essa magia, para lhe proporcionar as ferramentas, os rituais e as intenções que irão alinhá-lo com as energias do universo e abrir portais de possibilidades infinitas.

O que você encontrará aqui vai além de práticas superficiais. É um mergulho nas tradições ancestrais, onde o fogo, a água, a terra e o ar se entrelaçam em cerimônias que há milênios ajudam o ser humano a se reconectar com o cosmos e consigo mesmo. Prepare-se para descobrir como cada elemento natural carrega consigo chaves simbólicas que, quando usadas corretamente, abrem as portas para a renovação espiritual e a transformação pessoal.

Imagine-se acendendo uma vela, sentindo o calor suave da chama que dança diante de seus olhos, enquanto você, em silêncio reverente, define suas intenções para o novo ciclo. Ou, talvez, visualize-se realizando um banho ritualístico, onde as ervas sagradas que perfumam a água purificam não apenas o corpo, mas também a alma, lavando o peso de tudo aquilo que não lhe serve mais. Essas práticas, repletas de sabedoria antiga, não são meramente simbólicas; elas têm o poder de moldar sua realidade de dentro para fora.

Mas não se engane, este livro não é uma fórmula mágica onde você simplesmente segue os passos e tudo se resolve. O verdadeiro poder reside em você. Nas suas escolhas, nos seus desejos mais profundos, na sua capacidade de se permitir sonhar e agir em alinhamento com essas aspirações. As páginas que seguem são um espelho, refletindo a grandiosidade do que você pode alcançar, se estiver disposto a percorrer o caminho com intenção e clareza. Aqui, você encontrará as ferramentas para construir o novo, mas o que você fará com elas depende inteiramente de sua vontade de transformar.

O que se revela entre estas palavras não é um simples ritual de passagem, mas uma jornada de autodescoberta. À medida que os ciclos do tempo avançam, você é convidado a se despir das amarras do passado e a receber o novo com uma clareza renovada. Este livro o guiará nessa travessia, sugerindo não apenas rituais e práticas, mas também reflexões profundas que irão iluminar seu caminho e ajudá-lo a criar uma conexão mais autêntica consigo mesmo e com as energias que permeiam o universo.

Se permita mergulhar nesse processo, com o coração aberto, disposto a se libertar de tudo o que o limita. Desperte para a verdade de que a magia da transição não está apenas ao seu redor, mas dentro de você. Descubra as revelações surpreendentes que estas páginas guardam e abra-se para a extraordinária possibilidade de renovar seu espírito, sua vida e sua essência.

Agora, a jornada começa. O portal está aberto, e tudo o que você sempre buscou está à sua frente, esperando para ser desvendado. As respostas, os segredos e as possibilidades estão aqui. Cabe a você cruzar esse limiar e abraçar o poder transformador que este novo ciclo traz.

Capítulo 1
Introdução aos Rituais de Passagem de Ano

Os rituais de passagem de ano se entrelaçam com a essência da humanidade desde tempos imemoriais. Eles surgem das profundezas das culturas e crenças, um reflexo do desejo universal de marcar o encerramento de um ciclo e dar boas-vindas ao novo. Em um mundo repleto de incertezas, a prática de um ritual para o ano que se inicia oferece um momento de pausa, uma chance de refletir sobre o que passou e preparar o espírito para o que está por vir.

Esses rituais possuem raízes em tradições ancestrais, que variam de cultura para cultura, mas mantêm um propósito central comum: renovação. Os antigos sabiam que as estações, a rotação do sol e os ciclos da lua influenciam não apenas o mundo físico, mas também o espiritual. O fim de um ano e o início de outro simbolizam uma renovação de energia, onde o que foi vivido, com todos os seus altos e baixos, pode ser deixado para trás, abrindo espaço para novas possibilidades.

As práticas de passagem de ano são vistas como uma ponte entre dois mundos: o que está terminando e o que está para começar. Nesse limiar, somos convidados a refletir, agradecer e, ao mesmo tempo, projetar esperanças. É um momento em que os seres humanos se colocam de frente ao desconhecido, e os rituais, com suas formas e símbolos, fornecem uma estrutura para navegar essa transição com propósito e intenção.

A origem desses rituais é diversa e rica. No Egito antigo, o festival de Opet marcava a renovação do poder do faraó e a harmonia com os deuses, em uma celebração que, para muitos, se alinhava ao início de um novo ciclo. Na Roma antiga, o festival de Saturnália, celebrado em dezembro, era um precursor das festividades de ano novo moderno, com suas festas e trocas de presentes simbolizando a abundância e a esperança por tempos melhores. Culturas orientais, como as do Japão e da China, também celebram o início de um novo ano com rituais de purificação e renovação, onde limpar a casa simboliza afastar os maus espíritos e atrair boa sorte para os meses vindouros.

A transição entre o passado e o futuro é, em muitos aspectos, uma jornada profundamente pessoal e espiritual. Mais do que uma simples virada de calendário, é um momento em que o tempo parece suspenso, permitindo que a alma recupere o fôlego. Muitas tradições apontam para a importância de se preparar, de purificar o corpo, a mente e o ambiente antes de qualquer ritual de passagem. O ser humano, nesse contexto, assume um papel ativo na sua própria jornada espiritual, colaborando com as energias do universo para garantir que o próximo ciclo seja próspero e equilibrado.

A renovação é um tema recorrente nesses rituais. Ela se manifesta de diferentes maneiras, desde a limpeza literal de espaços até o ato de plantar sementes, sejam elas físicas ou simbólicas. Cada gesto realizado durante um ritual de passagem de ano carrega consigo a intenção de renovação, de se desfazer do que é velho e preparar o terreno para o que está por vir. As velas acesas simbolizam o despertar de uma nova luz, as águas usadas em rituais de purificação limpam não só o corpo, mas a alma, e as oferendas de frutas e flores são uma maneira de expressar gratidão à natureza e, ao mesmo tempo, invocar sua generosidade no futuro.

A esperança é outro pilar fundamental. Ao realizar um ritual de passagem, seja ele uma simples prece ou uma complexa cerimônia, o ser humano projeta no futuro suas aspirações mais íntimas. Não se trata apenas de desejar sorte, mas de alinhar-se com as forças do universo, tornando-se um cocriador de seu destino. A esperança, nesse sentido, vai além de um simples sentimento passivo; ela se transforma em uma força ativa, impulsionando a vida em direção a novos caminhos.

Por fim, o simbolismo da transição — o deixar ir e o receber — é central para entender a profundidade desses rituais. Eles nos lembram que o passado é valioso por suas lições, mas não deve nos aprisionar. Cada novo ano é uma oportunidade de recriar, redefinir e renascer, carregando conosco apenas aquilo que fortalece nossa jornada. Os rituais de passagem de ano, em suas várias formas e expressões, nos oferecem uma bússola espiritual, guiando-nos pela complexa dança entre o tempo que passa e o que está por vir.

À medida que aprofundamos o entendimento sobre os rituais de passagem de ano, sua importância transcende o plano espiritual e penetra nas esferas antropológicas e psicológicas. Em todo o mundo, civilizações integram esses rituais às suas tradições, refletindo tanto o contexto social quanto as necessidades individuais de cada cultura. A diversidade de formas com que esses ritos são praticados demonstra como, mesmo em culturas distantes, a essência humana partilha da mesma busca por renovação e conexão.

Os antropólogos há muito reconhecem que rituais são fundamentais para a coesão social. Eles operam como mecanismos que reforçam identidades coletivas, transmitindo valores e tradições de uma geração para outra. Na passagem de ano, isso é evidente em como diferentes sociedades celebram não apenas a conclusão de um ciclo pessoal, mas também de um ciclo comunitário. O ritual pode ser uma festa familiar, como no Ocidente, ou uma grande celebração pública, como no Ano Novo Chinês, onde fogos de artifício e desfiles simbolizam o afastamento de maus espíritos e a chegada de sorte e prosperidade.

Essas celebrações coletivas desempenham um papel crucial na solidificação dos laços sociais. São momentos em que a comunidade se reúne, e, em um nível subconsciente, o indivíduo se sente parte de algo maior, compartilhando um momento de transição que, embora possa ser vivido de maneira pessoal, encontra eco nas vivências de todos à sua volta. O rito público valida as experiências individuais de mudança e reforça o sentimento de pertencimento a uma ordem maior. Sociedades, tribos e até pequenas famílias mantêm esses rituais vivos porque eles são instrumentos de reforço de seus valores, crenças e estruturas hierárquicas.

O impacto psicológico de participar de rituais de passagem também é significativo. Para o indivíduo, o final de um ano traz consigo uma série de emoções — alívio, saudade, ansiedade pelo novo. Os rituais funcionam como âncoras que permitem a expressão dessas emoções de maneira simbólica, ajudando a dar forma e sentido a esses sentimentos. Psicologicamente, há uma poderosa necessidade humana de encerrar ciclos de maneira ritualística, pois isso traz um senso de controle sobre o tempo e os eventos da vida, que de outra forma podem parecer incontroláveis.

Ao marcar o tempo de forma ritualizada, o ser humano está, de certo modo, buscando domesticar o imprevisível, transformar o caos do futuro em algo mais tangível, mais próximo. Os psicólogos explicam que os rituais oferecem ao indivíduo uma forma de projetar suas esperanças e desejos, permitindo que ele se sinta mais preparado para enfrentar os desafios do novo ciclo. No contexto do Ano Novo, isso se reflete nas famosas "resoluções de ano novo" — promessas feitas a si mesmo para melhorar aspectos da vida, uma manifestação moderna de um desejo ancestral de renovação e autossuperação.

Embora os rituais de passagem sejam universais, sua expressão varia amplamente entre as culturas. No Japão, o Shōgatsu, celebração do Ano Novo, envolve a purificação espiritual com o objetivo de começar o ano com a alma leve. Templos e santuários se enchem de fiéis em busca de bênçãos, e há uma forte tradição de enviar cartões de ano novo para amigos e familiares, um gesto que simboliza a renovação das relações. Na África

Ocidental, o Ano Novo em muitas tribos é celebrado com danças e músicas tribais que invocam a proteção dos antepassados, misturando o místico e o comunitário de uma maneira vibrante e profundamente espiritual.

Diferentes rituais de passagem refletem, de maneira única, a intersecção entre o coletivo e o individual. Enquanto o indivíduo utiliza o ritual para se conectar com suas próprias emoções e intenções, ele também se insere num fluxo social mais amplo. Por isso, é comum que as celebrações de Ano Novo ao redor do mundo envolvam tanto momentos de introspecção quanto de interação social. A transição de ano, portanto, assume um caráter multifacetado, onde o ritual coletivo fortalece a experiência pessoal e vice-versa.

Outro ponto fascinante sobre os rituais de passagem é como eles podem variar em sua complexidade e profundidade espiritual. Em algumas culturas, o foco está mais no aspecto simbólico e material, como nas trocas de presentes, nas comidas específicas preparadas para atrair boa sorte ou nas vestes brancas que simbolizam a pureza e a paz. Em outras, o ritual é profundamente espiritual, envolvendo orações, cantos e oferendas aos deuses ou espíritos guardiões. Essa diversidade de práticas demonstra que, embora o rito tenha formas diferentes, ele atende às mesmas necessidades humanas básicas: encerrar o antigo e preparar o caminho para o novo.

É interessante notar que, mesmo em sociedades secularizadas, o desejo por ritual permanece forte. Ainda que a religião tradicional tenha perdido parte de sua influência em algumas culturas modernas, novos tipos de rituais surgem constantemente. A psicologia moderna reconhece a importância de tais práticas para o bem-estar emocional e mental, e muitos terapeutas encorajam seus pacientes a criar suas próprias versões de rituais de passagem, adaptados às suas necessidades e crenças pessoais.

O que é evidente, seja nas tradições antigas ou nas práticas modernas, é que os rituais de passagem de ano são uma resposta à condição humana de lidar com o tempo e a mudança. Eles nos oferecem uma forma de lidar com a incerteza do futuro, de processar o que passou e de construir pontes entre o indivíduo e o coletivo. Esses rituais, em todas as suas formas, nos conectam não apenas com nossos antepassados e com nossa comunidade, mas também com nossas próprias esperanças e medos, permitindo que cada um de nós se mova para o novo ano com um senso renovado de propósito e possibilidade.

Capítulo 2
Preparação Mental e Espiritual para o Ritual

A preparação para um ritual de passagem de ano é um processo que começa muito antes do ato em si. Na verdade, a preparação é tão fundamental quanto o próprio ritual. Sem o estado de espírito e o foco corretos, o ritual corre o risco de se tornar uma formalidade vazia, sem o poder transformador que se espera dele. O primeiro passo para garantir que essa transição seja plena e significativa é preparar a mente e o espírito.

O ritual é, em essência, uma experiência espiritual. Antes de qualquer coisa, é necessário abrir espaço interno para que as energias fluam, limpar o campo emocional e ajustar a consciência a um estado receptivo. Para isso, práticas de meditação e mindfulness (atenção plena) são ferramentas essenciais, que ajudam a silenciar o turbilhão de pensamentos e preocupações do dia a dia, proporcionando clareza e calma. A mente, muitas vezes sobrecarregada pelo caos cotidiano, precisa ser tranquilizada, conduzida a um estado onde possa realmente se conectar com a essência do ritual.

Meditar é, antes de mais nada, aprender a observar o fluxo dos pensamentos sem se deixar levar por eles. Ao praticar a meditação, cria-se um espaço interno onde é possível ouvir mais claramente as próprias intenções e alinhar essas intenções com o que se espera do novo ciclo. Uma técnica simples, mas eficaz, envolve a prática de respiração profunda, concentrando-se na entrada e saída de ar. Isso não só ajuda a acalmar a mente, mas também promove uma sensação de conexão com o corpo, elemento fundamental em qualquer prática espiritual. A respiração consciente atua como um portal para o momento presente, que é o único tempo verdadeiramente acessível e onde todo o poder do ritual reside.

Além da preparação mental, a purificação emocional é crucial. As emoções acumuladas ao longo do ano podem ser comparadas a cargas que o corpo e a mente carregam, bloqueando o fluxo de energia. Práticas como o perdão — tanto de si mesmo quanto dos outros — são formas profundas de liberar essas cargas. Guardar ressentimentos, mágoas ou arrependimentos cria uma barreira que impede a renovação completa. Portanto, antes de iniciar um ritual de passagem de ano, é essencial praticar o perdão e o desapego. Liberar o que já não serve mais permite que o novo entre sem resistência.

Muitos acreditam que o ato de perdoar é mais um presente para si mesmo do que para o outro, pois ele permite que o coração seja purificado de pesares antigos. Uma prática recomendada é a de escrever cartas de perdão, que podem ou não ser enviadas. O simples ato de colocar em palavras os sentimentos que pesam sobre o espírito já pode ser transformador. Após escrever a carta, uma meditação focada na liberação dessas emoções ajudará a reforçar o processo de cura emocional.

Outro aspecto importante da preparação é a definição de um propósito claro para o ritual. Antes de se envolver no ato cerimonial propriamente dito, é necessário saber por que se está realizando aquele ritual. O que se deseja alcançar? Que mudanças são esperadas para o novo ano? Sem uma intenção clara, o ritual pode perder seu foco. Nesse sentido, a prática de visualizar o futuro — imaginando com detalhes os resultados desejados — pode ajudar a fortalecer essa intenção.

Visualizações são poderosas porque envolvem não apenas o raciocínio, mas também as emoções e os sentidos. Ao visualizar as conquistas, o crescimento e a transformação que se deseja no novo ano, é como se o futuro já estivesse sendo moldado mentalmente. Essa prática cria um campo de energia positiva, atraindo as condições ideais para que os objetivos possam ser alcançados. Quanto mais claras forem as imagens mentais durante a visualização, mais forte será a energia gerada para manifestá-las na realidade.

Outro componente importante da preparação espiritual é a limpeza do ambiente externo, que reflete diretamente o estado interno. Um espaço físico desordenado pode interferir no processo de concentração e conexão com o sagrado. Portanto, antes de iniciar qualquer preparação mental ou emocional, é útil organizar o espaço em que o ritual será realizado, criando um ambiente que reflita serenidade e harmonia. Alguns optam por limpar a casa fisicamente, enquanto outros preferem rituais de purificação mais simbólicos, como defumações com ervas sagradas, incensos ou o uso de cristais para harmonizar a energia do local.

A conexão entre o ambiente externo e o interno é uma via de mão dupla. Quando purificamos o espaço ao nosso redor, ajudamos a purificar nosso estado mental e emocional. Da mesma forma, uma mente e um coração mais limpos e leves tornam qualquer ambiente mais agradável e propício para práticas espirituais. Este é um princípio que atravessa diferentes tradições e culturas — do feng shui, que busca harmonizar o fluxo de energia nos espaços, aos rituais indígenas que utilizam ervas para limpar e consagrar ambientes.

Por fim, a preparação para o ritual é um processo profundamente individual. Embora existam práticas e métodos recomendados, cada pessoa deve adaptar essas preparações às suas próprias necessidades e crenças. A espiritualidade é, em sua essência, uma jornada interior única, e as ferramentas que funcionam para um podem não ter o mesmo efeito para outro. Assim, é importante ouvir a própria intuição, respeitar o próprio ritmo e, acima de tudo, cultivar a intenção de entrar no novo ano de forma leve, renovada e aberta às possibilidades que estão por vir.

Aprofundando a preparação espiritual e mental para o ritual de passagem de ano, é essencial explorar práticas mais intensas que purifiquem e alinhem ainda mais o espírito com as intenções do novo ciclo. Se na primeira etapa do processo o foco estava em técnicas simples de meditação e visualização, agora, mergulhamos em rituais ancestrais e exercícios que envolvem uma conexão mais profunda com as energias ao nosso redor.

A prática da meditação, por exemplo, pode ser intensificada com o uso de mantras, que ajudam a elevar a vibração espiritual e a alcançar um estado de consciência expandida. Mantras são palavras ou sons repetidos que possuem um poder vibracional capaz de sintonizar o praticante com frequências espirituais mais elevadas. O som "Om", por exemplo, é considerado o som primordial do universo em diversas tradições espirituais e pode ser usado como uma ferramenta poderosa para conectar-se com a energia cósmica durante a preparação para o ritual.

Além da meditação com mantras, as visualizações podem se tornar ainda mais detalhadas e direcionadas. Em vez de apenas visualizar os objetivos para o novo ano, pode-se incorporar a imagem de símbolos de proteção, prosperidade e cura. Cristais, como o quartzo branco ou a ametista, podem ser utilizados durante a prática, pois amplificam a energia da intenção e ajudam a sintonizar a mente com as vibrações do universo. Segurar um cristal enquanto medita ou posicioná-lo sobre o chakra da coroa pode ajudar a abrir os canais de percepção espiritual, tornando a preparação ainda mais profunda e significativa.

Outro aspecto que enriquece a preparação espiritual é o uso de banhos de ervas, uma tradição presente em várias culturas ancestrais. O banho ritualístico é uma prática de purificação não apenas física, mas também energética, que limpa as impurezas emocionais e espirituais acumuladas ao longo do ano.

Ervas como alecrim, arruda, lavanda e manjericão são amplamente usadas por suas propriedades de limpeza e renovação energética. A preparação de um banho de ervas pode se tornar um ritual em si: colher as ervas, fervê-las com intenção e depois banhar-se conscientemente, visualizando as energias negativas escorrendo pelo corpo e sendo levadas pela água.

A defumação com ervas ou resinas também é uma prática poderosa. Tradicionalmente, são utilizadas plantas como sálvia, mirra, e incensos de olíbano, que têm a função de purificar o ambiente, afastar energias estagnadas e preparar o espaço para receber as bênçãos do novo ciclo. No momento da defumação, o praticante pode caminhar pelo ambiente, espalhando a fumaça e recitando orações ou afirmando intenções positivas, pedindo proteção e clareza para o novo ano. Além de purificar o ambiente, a defumação eleva a energia do espaço, facilitando a conexão espiritual durante o ritual principal.

Ainda dentro dessa preparação mais aprofundada, é comum a prática de criar altares temporários ou permanentes dedicados ao ritual. Esses altares funcionam como pontos focais de energia, onde são dispostos objetos que representem as intenções para o novo ciclo. Elementos da natureza, como flores frescas, sementes e velas, podem ser usados para simbolizar a renovação, o crescimento e a iluminação espiritual. A presença de água, em copos ou tigelas, também pode representar a fluidez e a clareza emocional que se deseja alcançar no novo ciclo.

Uma prática ancestral particularmente eficaz para limpar o campo energético e preparar o espírito é a técnica de respiração consciente associada à visualização de luz. Em momentos de quietude, o praticante pode imaginar uma luz branca brilhante descendo do topo da cabeça e preenchendo todo o corpo. À medida que a luz se espalha, ela purifica cada célula, cada pensamento, dissolvendo qualquer sombra ou bloqueio que possa impedir o fluxo natural de energia. Essa luz, ao final, pode ser imaginada expandindo-se para além do corpo, criando um campo de proteção ao redor do praticante.

Outro ritual de purificação é o que envolve o uso de espelhos. A prática consiste em se sentar em frente a um espelho, em um ambiente calmo e iluminado, e encarar o próprio reflexo como se estivesse observando a alma. Durante esse processo, o praticante pode repetir afirmações de cura, perdão e amor-próprio, usando o espelho como um símbolo de clareza e autoconsciência. A ideia é enxergar, através da própria imagem, as sombras internas que precisam ser transformadas antes do início do novo ciclo.

O uso do fogo também é um dos rituais mais antigos e poderosos de purificação espiritual. A queima simbólica de papéis onde se escreveu aquilo que se deseja deixar no ano que passou — sejam sentimentos, memórias ou obstáculos — é uma prática comum em várias culturas. O ato de ver o fogo consumir esses papéis simboliza a transmutação das energias negativas, convertendo-as em cinzas, prontas para serem devolvidas à terra como fertilizante para novos começos. O fogo, nesse contexto, representa tanto destruição quanto renovação, sendo uma ferramenta indispensável para a preparação do espírito.

À medida que o praticante avança em sua preparação, ele pode começar a se concentrar na definição de intenções claras e nas visualizações de resultados positivos. Essa é uma prática que exige uma conexão ainda mais profunda com o eu interior. Ao invés de simplesmente esperar por mudanças externas, o ritualista se coloca como cocriador da sua realidade, compreendendo que sua intenção, energia e ações são as verdadeiras sementes do novo ciclo. Cada pensamento, cada palavra e cada gesto durante a preparação se torna uma peça fundamental no desenho de seu futuro.

Essa preparação mental e espiritual não é apenas uma antecipação do ritual, mas parte integrante dele. Ela é o alicerce sobre o qual o ritual se sustenta, garantindo que, quando o momento chegar, o praticante esteja completamente alinhado com as energias de renovação e transformação. Ao seguir essas práticas e aprofundar cada etapa da preparação, o ritual se torna mais do que uma simples cerimônia — ele se transforma em uma experiência profundamente transformadora e espiritual, capaz de trazer não apenas mudanças externas, mas uma verdadeira evolução interior para o novo ciclo que se inicia.

Capítulo 3
Escolhendo o Ambiente Ritualístico

A escolha do ambiente em que um ritual de passagem de ano será realizado é um dos aspectos mais importantes para garantir a profundidade e a eficácia da experiência. O espaço físico onde se conduzem práticas espirituais ou simbólicas tem um impacto direto na conexão que se estabelece com o sagrado. Quando o local é escolhido com cuidado, ele não só amplifica as energias do praticante, como também se torna uma ponte entre o mundo material e o espiritual, criando uma atmosfera propícia para a realização do ritual.

O primeiro passo é entender que o ambiente ritualístico deve ser mais do que apenas um espaço organizado. Ele precisa vibrar em harmonia com o propósito do ritual e refletir as intenções do praticante. Cada detalhe, desde os objetos presentes até a direção em que o altar está voltado, influencia a energia do local. Portanto, é fundamental dedicar um tempo para escolher o espaço adequado, seja em casa, ao ar livre ou em um lugar especialmente consagrado para práticas espirituais.

Um dos fatores mais importantes ao escolher o ambiente é a energia natural do espaço. Alguns lugares possuem uma energia naturalmente calmante e espiritual, enquanto outros podem carregar vibrações mais caóticas ou tensas. Sentir o espaço é uma prática simples, mas poderosa, que envolve perceber como seu corpo e mente reagem a diferentes ambientes. Um lugar que evoca sentimentos de paz e serenidade é ideal para a prática de rituais de passagem de ano, enquanto espaços que trazem desconforto ou agitação devem ser evitados, ou então purificados antes do uso.

A organização do espaço também é essencial. Desordem física frequentemente reflete ou causa desordem mental, criando bloqueios energéticos que podem atrapalhar o fluxo natural das intenções. Antes de qualquer ritual, é importante limpar o ambiente, não apenas no sentido físico, mas também no sentido energético. Uma limpeza física — retirar o pó, organizar objetos, e garantir que o ambiente esteja arejado — já ajuda a preparar o terreno para o ritual. No entanto, essa limpeza pode ser aprofundada com o uso de técnicas espirituais, como a defumação com ervas, que harmonizam o campo energético do local.

Além da organização e limpeza, é importante considerar os elementos simbólicos que estarão presentes no ambiente ritualístico. Objetos como velas, cristais, incensos, flores e imagens sagradas podem ser utilizados para ancorar a energia do praticante e intensificar sua conexão com as forças espirituais ou cósmicas. Velas, por exemplo, são frequentemente usadas para representar a luz e a clareza que se deseja trazer ao novo ciclo, enquanto os cristais, cada um com suas propriedades específicas, ajudam a canalizar e amplificar as intenções.

A escolha de cores também desempenha um papel importante. As cores têm um efeito poderoso sobre o estado mental e emocional, e sua seleção deve refletir o propósito do ritual. Para rituais de renovação, por exemplo, o branco é amplamente usado por representar pureza e novos começos. O verde pode simbolizar crescimento e abundância, enquanto o dourado está associado à prosperidade e ao sucesso. Mesmo o ato de vestir-se para o ritual pode envolver a escolha consciente de cores que ressoem com as intenções para o novo ano.

A posição dos objetos no ambiente também deve ser considerada. Muitas tradições recomendam que o altar, o centro do ritual, seja colocado voltado para uma direção específica de acordo com as intenções do praticante. No feng shui, por exemplo, o leste é associado ao renascimento e à renovação, enquanto o sul é ligado à energia do sucesso e da fama. Orientar o altar ou o espaço principal do ritual de acordo com essas direções pode ajudar a alinhar as intenções com as forças naturais da Terra e do cosmos.

Outro ponto crucial é a preparação do altar, que, em muitas tradições, funciona como o coração do ambiente ritualístico. O altar é onde o praticante deposita suas intenções, onde oferece elementos simbólicos ao universo e onde se concentra a energia do ritual. Ele pode ser um espaço pequeno ou grande, simples ou elaborado, mas deve conter elementos que representem os quatro elementos naturais — terra, água, fogo e ar — para trazer equilíbrio à prática. Um cristal ou uma pedra pode representar a terra, uma taça com água simboliza o elemento água, velas representam o fogo, e incensos ou penas podem ser usados para o ar.

Além disso, o ambiente externo ao redor também deve ser considerado. Se o ritual for realizado em um local fechado, é recomendável garantir que haja uma boa circulação de ar e uma iluminação suave que contribua para criar uma atmosfera tranquila e introspectiva. Se o espaço for ao ar livre, como em um jardim ou em meio à natureza, a própria energia da Terra estará mais acessível, e o ritual pode se beneficiar da conexão direta com os elementos naturais. A brisa suave, o som das folhas e o toque da terra sob os pés amplificam a sensação de harmonia e renovação, tornando o ritual mais profundo e imersivo.

Para alguns, o espaço ritualístico deve ser consagrado, ou seja, purificado e abençoado antes de ser utilizado. Isso pode ser feito com orações, cânticos ou até mesmo por meio de símbolos sagrados, como pentagramas, cruzes ou círculos de proteção desenhados no chão. Essas práticas ajudam a criar uma barreira de proteção ao redor do ambiente, garantindo que apenas energias positivas estejam presentes durante o ritual e que as intenções do praticante sejam resguardadas de influências externas.

O ambiente, assim como o próprio praticante, deve estar em harmonia, preparado para receber a energia transformadora que o ritual de passagem de ano traz consigo. A escolha do espaço, dos objetos e das cores, combinada com a preparação energética e física do local, cria uma base sólida para que o ritual seja realizado com sucesso. É neste espaço sagrado, preparado e consagrado, que o novo ano será recebido e as intenções para o ciclo que se inicia serão manifestadas com clareza e propósito.

Ao aprofundar a escolha do ambiente para o ritual de passagem de ano, é essencial compreender a interação entre os elementos do espaço e a energia do praticante. Cada ambiente tem sua própria frequência energética, e a maneira como esse espaço é preparado pode intensificar ou dissipar as intenções do ritual. O ambiente, portanto, não é apenas um cenário, mas um componente ativo e simbólico do processo ritualístico.

Uma das práticas mais conhecidas para harmonizar os espaços é o feng shui, uma antiga arte chinesa que busca equilibrar a energia vital, conhecida como chi, dentro de um ambiente. O feng shui ensina que cada objeto, cor e disposição no espaço possui um efeito direto sobre o fluxo de energia, impactando não só o ambiente, mas também a mente e o espírito de quem habita ou realiza atividades naquele local. Ao aplicar os princípios do feng shui, o praticante pode garantir que o espaço esteja propício para o ritual, canalizando energias que favoreçam a prosperidade, o equilíbrio e a renovação.

Segundo o feng shui, as direções cardeais têm significados específicos que podem ser alinhados com as intenções do ritual. Por exemplo, o leste é tradicionalmente associado ao crescimento e à renovação, sendo uma direção ideal para práticas que buscam um novo começo ou o fortalecimento de projetos pessoais. O norte, por outro lado, está ligado à estabilidade e à sabedoria, sendo apropriado para rituais focados em segurança e autoconhecimento. A escolha da direção do altar ou do local principal do ritual, então, pode ser uma poderosa ferramenta para alinhar o espaço com as energias cósmicas, amplificando as intenções do praticante.

Outro conceito fundamental é o uso da geometria sagrada no ambiente ritualístico. Desde tempos antigos, diversas culturas acreditam que certos padrões geométricos possuem propriedades energéticas e espirituais. A "Flor da Vida" e o "Círculo Sagrado" são exemplos de símbolos de geometria sagrada que, quando incorporados ao espaço do ritual, podem intensificar a conexão com o universo e os ciclos naturais. Desenhar ou visualizar esses símbolos no espaço ritualístico, seja no chão ou no próprio altar, cria um campo energético harmonioso que facilita o fluxo das intenções e da energia espiritual.

A presença de símbolos e objetos carregados de significado também potencializa o ambiente. A escolha de símbolos espirituais — como mandalas, imagens de divindades ou arquétipos — deve ressoar com a intenção do ritual. Por exemplo, símbolos como a cruz ansata, comum no antigo Egito, representam a vida eterna e podem ser usados em rituais que envolvem renovação ou longevidade. Outro exemplo é o olho de Hórus, símbolo de proteção, que pode ser incorporado ao espaço para garantir que o praticante esteja protegido espiritualmente enquanto realiza a transição para o novo ano.

As cores, além de serem um reflexo da estética e da harmonia visual, também desempenham um papel significativo no ambiente ritualístico. Na tradição do feng shui e em outras práticas espirituais, as cores carregam significados profundos e vibracionais. O vermelho, por exemplo, é associado ao elemento fogo e à vitalidade, sendo útil para rituais que buscam ativar energias de paixão, ação e prosperidade. O azul, por sua vez, representa o elemento água e está relacionado à paz, à intuição e à cura. Ao integrar cores específicas ao ambiente — seja nas velas, nas flores ou nas vestimentas —, o praticante canaliza essas energias sutis que permeiam o espaço.

O processo de consagração do ambiente também é um passo essencial para garantir que o espaço esteja energeticamente alinhado com as intenções do ritual. Consagrar um espaço é dedicar sua energia a um propósito sagrado, garantindo que o ambiente esteja protegido e purificado. Esse ato pode ser feito por meio de orações, cânticos ou até mesmo utilizando objetos de poder, como cristais, que atuam como amplificadores energéticos. Cristais como a selenita, conhecida por sua capacidade de limpar e elevar a vibração dos ambientes, podem ser dispostos ao redor do espaço ritualístico para manter a energia elevada e protegida.

A consagração também pode ser realizada com o uso de elementos naturais, como água e fogo. O uso de água benta ou águas consagradas de fontes naturais é uma prática comum em várias tradições espirituais. Ao aspergir a água no ambiente, o praticante purifica o espaço, removendo qualquer energia densa que possa interferir no ritual. Da mesma forma, o fogo — representado por velas ou tochas — é utilizado para trazer luz e clareza ao local, dissipando as sombras e iluminando o caminho espiritual.

Outro ponto importante é a criação de um círculo de proteção ao redor do espaço ritualístico. O círculo é uma figura sagrada em várias culturas, representando a unidade, o infinito e a proteção. Traçar um círculo no chão, seja com sal, giz ou até mesmo mentalmente, cria uma barreira energética que protege o praticante de influências externas enquanto ele realiza o ritual. Esse círculo de proteção serve como uma espécie de "espaço entre mundos", um local onde o sagrado e o mundano podem se encontrar sem interferências.

Adicionalmente, invocar guardiões espirituais para proteger o ambiente é uma prática comum em muitos rituais. Esses guardiões podem ser divindades, arcanjos ou até mesmo ancestrais espirituais, que são chamados para vigiar o espaço e garantir que ele esteja seguro para a prática. Essa invocação pode ser feita por meio de orações específicas ou cânticos sagrados que convidam essas entidades protetoras a participar do ritual, formando um campo de proteção ao redor do ambiente e do praticante.

A preparação do ambiente ritualístico, portanto, vai além da simples escolha de um espaço físico. É um processo que envolve a harmonização energética, a escolha consciente de símbolos e elementos, e a criação de um campo sagrado de proteção. O ambiente torna-se uma extensão do próprio praticante, refletindo suas intenções e amplificando suas energias. Quando o espaço está devidamente preparado e consagrado, o praticante se encontra num local seguro e alinhado espiritualmente, pronto para realizar o ritual de passagem de ano com profundidade, conexão e propósito.

Capítulo 4
Elementos Fundamentais do Ritual

Os rituais de passagem de ano, em suas múltiplas formas e tradições, frequentemente utilizam elementos simbólicos para ancorar a experiência espiritual e intensificar as intenções do praticante. Esses elementos não são meramente decorativos ou acessórios; eles carregam significados profundos e energias específicas que ajudam a alinhar o ritual com as forças naturais do universo. Entre os principais componentes simbólicos presentes nos rituais, os quatro elementos — terra, fogo, água e ar — desempenham um papel essencial, conectando o praticante aos ciclos da natureza e às energias universais.

A terra é o primeiro dos elementos a ser considerado. Representando a estabilidade, a segurança e o mundo físico, a terra é associada às fundações sobre as quais construímos nossas vidas. Nos rituais de passagem de ano, a terra simboliza o enraizamento, a materialização de intenções e o compromisso com o mundo material. Para incorporar o elemento terra no ritual, muitos praticantes utilizam cristais, pedras ou até mesmo plantas. Os cristais, especialmente, são escolhidos com base em suas propriedades energéticas. O quartzo fumê, por exemplo, é conhecido por sua capacidade de promover aterramento e proteger contra energias negativas, sendo um excelente representante da terra em rituais voltados para estabilidade e proteção.

O fogo, por outro lado, está ligado à transformação e à purificação. É o elemento da mudança, da paixão e da vontade. Durante um ritual de passagem de ano, o fogo pode ser usado para simbolizar a destruição do velho e a criação do novo, queimando as impurezas e abrindo espaço para novos começos. Velas são comumente usadas para representar o fogo, mas também é possível incorporar fogueiras ou pequenas chamas em brasas, dependendo do local e da tradição seguida. A cor da chama também pode variar conforme a intenção do praticante. Uma vela branca pode ser usada para a purificação e clareza, enquanto uma vela vermelha ou dourada simboliza prosperidade, coragem e força para enfrentar os desafios do novo ciclo.

O terceiro elemento, a água, está profundamente ligado às emoções, à intuição e ao fluxo natural da vida. A água é fluida, adaptável, e nos rituais ela purifica, cura e renova. Incorporar a água no ritual pode ser feito de várias maneiras. Alguns optam por taças de água cristalina dispostas no altar, enquanto outros preferem banhos rituais, onde a água purifica o corpo e o espírito antes da transição para o novo ano. A água também pode ser associada ao perdão e à cura emocional, dissolvendo mágoas e traumas que precisam ser deixados para trás. O som da água corrente ou o uso de fontes em miniatura durante o ritual pode reforçar essa conexão, trazendo paz e tranquilidade.

O ar, por sua vez, é o elemento da mente, do pensamento e da comunicação. É o elemento que inspira, que dá vida às palavras e às ideias. Durante os rituais de passagem de ano, o ar pode ser simbolizado pelo uso de incensos, penas ou sinos. O incenso, especialmente, tem uma longa história em várias tradições espirituais, sendo utilizado para elevar as orações e intenções ao cosmos. Cada tipo de incenso carrega uma energia própria — sândalo, por exemplo, é excelente para promover a introspecção e a meditação, enquanto a lavanda traz calma e equilíbrio. O ar, com sua leveza, nos ajuda a liberar velhos pensamentos e padrões mentais, permitindo que novos ventos de inspiração e clareza mental entrem em nossas vidas.

Estes quatro elementos formam a base de muitos rituais de passagem de ano, servindo como âncoras simbólicas que equilibram as energias do praticante. Cada elemento pode ser trabalhado isoladamente ou em conjunto, dependendo da tradição e do propósito específico do ritual. Por exemplo, um ritual que visa trazer maior equilíbrio emocional pode focar mais no elemento água, enquanto um ritual de manifestação material pode dar mais destaque à terra e ao fogo. A chave é o equilíbrio: combinar os quatro elementos de forma harmônica cria um campo energético forte e estável, preparado para suportar as intenções e desejos do novo ciclo.

Além de sua função simbólica, os elementos também atuam como uma forma de conexão com o próprio corpo e o ambiente ao redor. Ao incorporar a terra, o praticante sente-se mais conectado ao solo, ao físico, lembrando-se da importância de estar presente no mundo material. O fogo desperta o calor interno, acende as paixões e as forças criativas, enquanto a água convida à introspecção emocional, fluindo pelas camadas mais profundas da psique. O ar, por fim, limpa e renova, trazendo frescor e novas perspectivas.

Cada ritual de passagem de ano é único, e a maneira como os elementos são incorporados pode variar amplamente. O mais importante é que, ao se trabalhar com esses elementos, o praticante esteja consciente de suas energias e significados, utilizando-os não apenas como símbolos, mas como ferramentas ativas de transformação. O altar do ritual pode ser visto como um microcosmo do universo, onde cada elemento desempenha um papel essencial na criação de uma atmosfera de renovação e intenção.

Os elementos também convidam o praticante a refletir sobre o equilíbrio necessário em sua própria vida. Talvez o novo ciclo demande mais estabilidade (terra), mais coragem para mudar (fogo), mais sensibilidade emocional (água), ou maior clareza mental (ar). O ritual, então, não é apenas uma celebração externa da passagem do tempo, mas também um convite para uma autorreflexão profunda, onde cada elemento ajuda a preparar o espírito para o novo ciclo que se inicia.

A incorporação dos quatro elementos — terra, fogo, água e ar — nos rituais de passagem de ano vai além de suas associações simbólicas. Cada cultura e tradição espiritual carrega consigo maneiras únicas de utilizar esses elementos, potencializando suas energias de acordo com crenças ancestrais. Compreender essas variações culturais não só enriquece o ritual, mas também expande a conexão do praticante com as forças naturais, integrando o poder dos elementos em uma experiência mais profunda e transformadora.

Em muitas culturas indígenas, o uso dos elementos em rituais não se limita ao simbólico. Por exemplo, na tradição nativa americana, os quatro elementos são considerados sagrados e são frequentemente representados em cerimônias através de oferendas à Terra. Durante um ritual de passagem de ano, pode-se usar terra sagrada ou cinzas de fogueiras ritualísticas para marcar um círculo de proteção no solo, ancorando a energia do praticante e criando um espaço de conexão direta com o espírito da natureza. Plantas sagradas, como o tabaco e o cedro, são oferecidas como formas de pedir proteção e purificação, honrando a relação ancestral com os elementos.

O fogo, em várias tradições, é visto como um catalisador da transformação. Na prática hindu, o ritual de Agni, o deus do fogo, envolve o uso de fogueiras ou velas para purificar e transformar energias. Durante as celebrações de Ano Novo, o fogo é utilizado para queimar objetos que simbolizam aquilo que precisa ser deixado para trás — sejam pensamentos, emoções ou situações. Este ato não é apenas simbólico, mas é uma forma ativa de transmutar as energias antigas em cinzas, das quais pode renascer algo novo. Em algumas culturas, é comum que o fogo seja mantido aceso durante toda a cerimônia, simbolizando a luz que guia o caminho para o novo ciclo.

A água, nas tradições africanas e afro-brasileiras, como o Candomblé e a Umbanda, assume um papel central em rituais de renovação e purificação. Oferendas são feitas às águas de rios, mares e cachoeiras, e as energias das divindades relacionadas à água, como Oxum e Iemanjá, são invocadas para trazer paz, fertilidade e equilíbrio emocional. Em rituais de passagem de ano, muitas pessoas realizam banhos em águas sagradas ou até banhos de ervas, acreditando que essas práticas limpam o corpo e a alma, permitindo que o novo ciclo se inicie com a pureza necessária. A fluidez da água reflete a necessidade de deixar fluir os desafios emocionais do ano que se encerra, permitindo uma abertura para novas emoções e experiências.

O ar, com sua natureza invisível, conecta-se à mente e ao espírito de maneira sutil, mas poderosa. Nas tradições xamânicas, o uso do ar é muitas vezes simbolizado pelo sopro de fumaça sagrada, como a fumaça de ervas como a sálvia branca, o palo santo ou outras plantas purificadoras. Durante um ritual de passagem de ano, essas ervas são queimadas e a fumaça é usada para purificar o espaço e o corpo, limpando energeticamente o ambiente de quaisquer bloqueios ou influências negativas. O ar, então, se torna um meio de transportar as intenções e os desejos para o universo, como se cada sopro de fumaça carregasse uma oração, uma intenção ou um pedido.

Essas variações no uso dos elementos demonstram como diferentes tradições espirituais integram suas crenças com as forças da natureza. Em muitas culturas orientais, o conceito dos elementos vai além dos quatro ocidentais. No Japão, por exemplo, o quinto elemento, o kū (vazio), é reconhecido como o elemento que conecta o físico ao espiritual. Durante as celebrações do Ano Novo japonês, chamadas de Shōgatsu, a purificação de espaços e objetos é feita com uma profunda reverência ao vazio, ao espaço não preenchido que permite que novas energias fluam. É uma lembrança de que, muitas vezes, o que é invisível ou ausente tem um poder imenso, atuando silenciosamente para trazer equilíbrio e harmonia.

Integrar esses elementos em altares, cerimônias e orações oferece ao praticante uma experiência completa, onde mente, corpo e espírito se alinham com o ciclo natural do mundo ao redor. Por exemplo, o altar de um ritual de passagem de ano pode ser adornado com objetos que representam cada um dos elementos de maneira simbólica e prática. Um prato de terra ou sal grosso pode representar a terra; velas ou fogueiras simbolizam o fogo; recipientes com água, ou até mesmo o ato de derramar água sobre as mãos, conectam-se ao elemento água; e incensos ou ervas queimadas trazem o ar para o ambiente. Cada um desses elementos reforça a intenção do praticante e cria um espaço ritualístico em que as energias podem fluir de maneira equilibrada.

O poder de orações e cânticos também não pode ser subestimado. Muitas tradições incluem cânticos específicos para invocar as energias dos elementos. No hinduísmo, mantras são repetidos para honrar os deuses e deusas que governam cada elemento, invocando suas bênçãos para o novo ciclo. Em práticas pagãs, cânticos sagrados, muitas vezes entoados em círculo, evocam o poder dos elementos, pedindo por equilíbrio, proteção e renovação. O som, enquanto uma manifestação do ar, carrega uma energia própria que pode elevar a vibração do ambiente e do próprio praticante.

À medida que o praticante explora diferentes formas de integrar os elementos em seus rituais de passagem de ano, ele também deve estar aberto à experimentação e à intuição. As tradições são valiosas por fornecerem estrutura e significado, mas a experiência pessoal e as adaptações intuitivas permitem que o ritual se torne uma prática viva e dinâmica. Isso significa que o praticante pode sentir a necessidade de enfatizar certos elementos mais do que outros, dependendo das circunstâncias e das intenções para o novo ciclo.

Por fim, os elementos nos ensinam que a conexão com o mundo natural é essencial para qualquer prática espiritual. Eles nos lembram que somos parte de um todo maior e que a transformação que buscamos dentro de nós reflete os ciclos naturais do universo. Ao utilizar a terra, o fogo, a água e o ar em rituais de passagem de ano, o praticante não apenas honra tradições ancestrais, mas também se alinha com as energias eternas e universais que guiam e sustentam toda a vida. Isso cria uma base sólida para que o novo ano seja recebido com consciência, clareza e equilíbrio.

Capítulo 5
Definindo Intenções para o Novo Ano

As intenções são o coração de qualquer ritual de passagem de ano. Elas funcionam como um mapa espiritual, guiando o praticante na direção de seus desejos e aspirações para o novo ciclo. Definir intenções claras e realistas é um processo profundamente pessoal e espiritual, que exige introspecção, honestidade e uma conexão sincera com os próprios sonhos. Quando bem formuladas, as intenções tornam-se um fio condutor que amarra todas as práticas do ritual, ajudando a alinhar mente, corpo e espírito com as energias do ano que se inicia.

O primeiro passo para definir intenções é a reflexão sobre o ano que passou. Este é o momento de fazer uma pausa e olhar para o que foi vivido, sem julgamentos. O que foi conquistado? Quais desafios foram enfrentados? Quais foram os momentos mais significativos, sejam eles de alegria ou de dor? Essa avaliação honesta é fundamental para identificar os aspectos da vida que precisam de mudança, cura ou crescimento. Muitas vezes, ao realizar esse exercício de reflexão, o praticante se dá conta de padrões que deseja romper ou de sonhos que, por algum motivo, foram deixados de lado ao longo do ano.

O ato de refletir e identificar áreas que precisam de atenção é uma etapa poderosa, pois ajuda a trazer à tona questões que talvez não fossem percebidas no frenesi da rotina diária. A partir dessa análise, o próximo passo é transformar essas percepções em intenções. No entanto, é importante que essas intenções sejam específicas e positivas, evitando generalizações ou desejos vagos. Por exemplo, em vez de dizer "quero ser feliz", uma intenção mais clara seria: "Quero cultivar minha felicidade por meio de práticas diárias de gratidão e autocuidado." A clareza da intenção é crucial, pois quanto mais específico o desejo, mais forte será a energia direcionada para sua realização.

Outro aspecto fundamental ao definir intenções é garantir que elas sejam realistas. Isso não significa limitar os sonhos, mas sim entender que as intenções precisam estar conectadas com ações práticas que possam ser realizadas ao longo do ano. O espiritual e o material caminham juntos, e definir uma intenção que possa ser manifestada na vida cotidiana torna o processo mais acessível e eficaz. Por exemplo, se a intenção é melhorar a saúde física, ações concretas como adotar uma nova rotina de exercícios ou uma alimentação mais equilibrada devem ser consideradas como parte da intenção.

A visualização criativa é uma ferramenta poderosa para fortalecer as intenções. Durante o ritual, o praticante pode dedicar um momento para visualizar o novo ano em detalhes, como se já estivesse vivendo as mudanças que deseja. Nesse processo, é importante não apenas imaginar as situações, mas também sentir as emoções associadas a essas conquistas. Como seria sentir a paz interior depois de superar um desafio emocional? Como seria a sensação de realização ao alcançar uma meta de carreira ou de relacionamento? Quanto mais vívida e detalhada for a visualização, maior será a força da intenção. Essa prática não é apenas mental, mas também emocional, pois a emoção cria uma vibração energética que atrai o que está sendo visualizado.

Para fortalecer ainda mais esse processo de definição de intenções, o ato de escrever pode ser uma prática reveladora. Colocar as intenções no papel transforma o abstrato em algo concreto, criando um ponto de referência ao longo do ano. Ao escrever, o praticante pode usar o presente ou o futuro próximo, como se a intenção já estivesse em processo de realização. Por exemplo: "Estou cultivando a paciência em meus relacionamentos" ou "Em breve, estarei prosperando em minha nova carreira". A escrita transforma o desejo em compromisso, e ter essas intenções documentadas permite revisá-las e reafirmá-las sempre que necessário.

Além de escrever as intenções, muitos praticantes utilizam símbolos visuais para reforçá-las. Criar um quadro de visões (vision board) é uma técnica bastante popular que envolve recortar imagens, palavras e símbolos que representem os objetivos para o novo ano. Esse quadro serve como uma representação física das intenções, sendo colocado em um local visível para que o praticante possa se lembrar diariamente das metas e vibrações que está buscando atrair. A criação do quadro é uma prática criativa que envolve não apenas a mente, mas também a intuição, já que o praticante escolhe imagens e símbolos que ressoam com suas intenções mais profundas.

Outro aspecto importante ao definir intenções é o alinhamento com o espírito de gratidão. Antes de pedir por algo novo, é essencial reconhecer o que já foi recebido e aprendido no ciclo anterior. O simples ato de agradecer — seja pela saúde, pelas lições aprendidas ou pelos relacionamentos — prepara o coração para receber o novo. Gratidão é uma frequência energética elevada, que cria espaço para que novas bênçãos se manifestem. Durante o ritual, o praticante pode reservar um momento para expressar gratidão por tudo o que o ano anterior proporcionou, mesmo pelos desafios, que muitas vezes trazem as maiores lições.

As intenções, no entanto, não devem ser vistas como promessas rígidas ou exigências. Elas são guias, um norte a ser seguido, mas devem sempre ser acompanhadas de uma abertura para a flexibilidade. A vida é dinâmica, e o que parece importante no início do ano pode se transformar ao longo do tempo. Portanto, é importante permitir que as intenções evoluam conforme o praticante avança em sua jornada. Ao longo do ano, é possível revisar e ajustar as intenções, mantendo o foco, mas com a compreensão de que o caminho espiritual é fluido.

Por fim, ao definir intenções para o novo ano, o praticante deve reconhecer o poder dessas palavras e pensamentos. As intenções carregam uma energia transformadora, pois são a semente do que será manifestado. Quando definidas com clareza, gratidão e compromisso, elas se tornam um farol que guia o praticante ao longo do ano, ajudando-o a se alinhar com suas metas e a transformar seus sonhos em realidade. As intenções, portanto, são mais do que desejos superficiais — são um chamado profundo à ação e à transformação, um compromisso entre o praticante e o universo para cocriar um novo ciclo de crescimento e realização.

Depois de refletir e estabelecer intenções claras e realistas, o próximo passo é aprofundar o processo, transformando essas intenções em ações concretas e afirmações poderosas que sustentem o praticante ao longo do novo ciclo. As intenções, quando elaboradas de forma consciente e energizadas por práticas espirituais, podem se tornar uma bússola interna, guiando o caminho não apenas para a mudança, mas para a manifestação de sonhos e metas.

Uma das ferramentas mais eficazes para reforçar as intenções é a prática de afirmações. Afirmações são declarações positivas e no tempo presente, que ajudam a moldar a realidade a partir da repetição consciente. Elas servem para reprogramar a mente, criando novas sinapses que fortalecem as crenças internas e atraem os resultados desejados. Por exemplo, se a intenção de uma pessoa é melhorar seu bem-estar físico, uma afirmação eficaz poderia ser: "Eu cuido do meu corpo com amor e ele me recompensa com saúde e vitalidade." Essas frases, quando repetidas diariamente, se tornam âncoras de confiança, potencializando as intenções e reforçando o compromisso com o novo ciclo.

O poder das palavras deve ser entendido não apenas como uma forma de comunicação, mas como uma ferramenta vibracional que tem impacto direto na realidade. Cada palavra carrega uma energia, e quando repetida com intenção, pode alterar o campo energético ao redor e dentro de nós. Por isso, ao criar afirmações, o praticante deve escolher palavras que ressoem profundamente com seus desejos mais sinceros e com a vibração que deseja atrair. Palavras como "eu sou", "eu tenho" e "eu mereço" são poderosas porque colocam o praticante em um estado de recepção, como se a intenção já estivesse em andamento ou realizada. Isso ajuda a criar uma sensação de alinhamento com o que se busca, facilitando a sua manifestação.

Outra prática fundamental é o uso da escrita para reforçar e materializar as intenções. Além de simplesmente listar as metas e aspirações para o ano novo, o ato de escrever diários de intenção pode ser transformador. Nesse processo, o praticante escreve detalhadamente sobre suas intenções, como se já estivesse vivendo a realidade desejada. Descrever sentimentos, cenários e até mesmo os desafios que foram superados cria um campo vibracional de manifestação mais forte. Esse tipo de escrita, conhecida como "escrita de visualização", estimula o cérebro a acreditar que o que foi descrito já está em processo, moldando a realidade ao redor.

A criação de símbolos pessoais e objetos que representem essas intenções também é uma prática poderosa. Talismãs ou amuletos feitos especificamente com o propósito de energizar as intenções podem ser criados durante o ritual. Esses objetos podem incluir cristais, que são conhecidos por suas propriedades de amplificação energética, ou itens mais simbólicos, como uma moeda que represente abundância ou uma folha de louro para atrair sucesso. Ao carregar ou manter esses objetos em locais especiais, o praticante se lembra constantemente de suas intenções, reforçando a energia que flui em direção à manifestação dessas metas.

Rituais de lua também podem ser extremamente eficazes na definição e potencialização de intenções. A lua nova, por exemplo, é conhecida como um momento propício para plantar novas sementes — tanto no sentido físico quanto metafórico. Durante esse período, o praticante pode realizar um pequeno ritual para definir suas intenções, utilizando a energia crescente da lua nova para amplificar suas metas. Em contraste, a lua cheia é um momento ideal para revisitar e avaliar as intenções, ajustando-as se necessário. A energia da lua cheia é associada à realização e à plenitude, tornando-a perfeita para validar o progresso das intenções definidas.

Além dos rituais lunares, a astrologia pode ser uma ferramenta útil para escolher os melhores momentos para definir e revisar intenções. Conhecer o posicionamento dos planetas e compreender como suas energias afetam as áreas da vida pode ajudar o praticante a alinhar suas intenções com momentos cósmicos favoráveis. Por exemplo, Mercúrio retrógrado, frequentemente associado a revisões e reflexão, pode ser um período excelente para reavaliar intenções antigas e fazer ajustes que permitam um avanço mais eficaz quando a energia planetária voltar a fluir normalmente.

Outro elemento a ser considerado é o ato de compartilhar as intenções com um grupo ou comunidade. Embora definir intenções seja um processo profundamente pessoal, há poder na coletividade. Realizar rituais em grupo, onde cada participante compartilha suas intenções, cria uma corrente coletiva de energia, fortalecendo as metas individuais. O grupo atua como uma testemunha espiritual e, de certa forma, como um apoio energético para que essas intenções se manifestem. O poder do coletivo é amplificado quando várias pessoas se reúnem com o mesmo propósito, criando uma sinergia que beneficia a todos.

Essa troca energética com outros praticantes pode acontecer de várias formas, seja através de círculos de meditação, cerimônias de renovação ou até mesmo encontros virtuais onde as intenções são partilhadas e energizadas. Durante esses momentos, o praticante tem a oportunidade de ouvir as intenções dos outros e, de alguma forma, se inspirar ou encontrar ressonância com metas semelhantes. Esse processo não só fortalece a intenção individual, mas também cria um campo de suporte espiritual, onde cada intenção ganha força pela coletividade.

É importante, também, que o praticante mantenha um acompanhamento regular de suas intenções ao longo do ano. Rever as intenções periodicamente, adaptá-las conforme necessário e reafirmar o compromisso com elas é uma parte vital para garantir que o foco e a energia sejam mantidos. Um ritual mensal ou a cada ciclo lunar pode ser uma prática útil para revisar as intenções, refletir sobre o progresso e fazer os ajustes necessários. A flexibilidade é fundamental, pois conforme o ano avança, novas oportunidades e desafios podem surgir, exigindo que as intenções sejam ajustadas para se manterem relevantes e alinhadas.

    O processo de definição de intenções para o novo ano, portanto, vai muito além de simplesmente listar desejos ou metas. Ele envolve uma série de práticas e rituais que ajudam a transformar esses desejos em realidades tangíveis. Com o uso de afirmações, escrita criativa, talismãs, rituais lunares e a conexão com a astrologia, o praticante constrói um caminho sólido para manifestar suas intenções. Além disso, ao envolver outros em seu processo, seja por meio de círculos espirituais ou de encontros coletivos, ele fortalece o campo energético ao redor de suas metas.

    Essas práticas, quando feitas com clareza, compromisso e abertura espiritual, transformam a jornada do novo ano em uma dança harmônica entre o que é desejado e o que é vivido. O praticante, ao adotar essas ferramentas, não está apenas esperando que o universo lhe traga os resultados desejados, mas cocriando ativamente sua realidade. O processo de definição de intenções torna-se, assim, um ato de poder e responsabilidade, onde a transformação pessoal e espiritual se entrelaçam, preparando o terreno para um novo ciclo de crescimento, realização e equilíbrio.

Capítulo 6
Rituais de Limpeza e Purificação

Antes de qualquer ritual de passagem de ano, é essencial limpar e purificar não apenas o ambiente, mas também o corpo e o espírito. Os rituais de limpeza e purificação servem como um ato de preparação, abrindo espaço para que novas energias fluam e permitindo que o velho seja deixado para trás. Assim como limpamos nossas casas para receber uma visita importante, os rituais de passagem de ano exigem uma limpeza profunda para acolher o novo ciclo com uma mente e coração renovados.

A purificação física e energética começa pelo corpo, que é o recipiente de todas as experiências vividas ao longo do ano. Uma prática amplamente utilizada para esse fim é o banho de sal grosso. Conhecido por suas propriedades de absorção de energias negativas, o sal grosso tem sido usado há séculos em várias culturas para purificação e proteção. Um simples banho de sal grosso antes de realizar um ritual de passagem de ano ajuda a remover energias densas e abrir os canais de energia para receber novas vibrações. Misturar o sal com ervas específicas, como alecrim, lavanda ou manjericão, intensifica ainda mais a purificação, trazendo clareza mental, equilíbrio emocional e proteção espiritual.

O banho de ervas também pode ser realizado como um complemento ou alternativa ao banho de sal grosso. Cada erva tem uma vibração específica, e sua escolha depende da intenção do ritual. A lavanda, por exemplo, é excelente para trazer paz e acalmar a mente, enquanto o alecrim promove proteção e renovação energética. O ritual do banho em si deve ser feito com atenção plena, em um estado meditativo, onde o praticante visualiza todas as energias antigas e pesadas sendo lavadas e escorrendo para longe, deixando o corpo e o espírito limpos e preparados para o novo.

Além da purificação do corpo, a limpeza do ambiente físico é igualmente importante. A energia de um espaço reflete e influencia o estado mental e emocional do praticante, e um ambiente caótico pode criar barreiras para a fluidez do ritual. Começar pela organização do espaço é uma maneira prática e simbólica de preparar o terreno para o ritual. Isso envolve não apenas a limpeza física do ambiente, mas também a disposição de objetos e a criação de um espaço que seja harmonioso e acolhedor para as energias que se deseja atrair.

Uma prática comum em várias tradições espirituais é a defumação do ambiente. A defumação utiliza a fumaça de ervas queimadas, como sálvia branca, palo santo ou mirra, para purificar energeticamente o local, removendo bloqueios e energias negativas que possam estar estagnadas. O ritual da defumação pode ser realizado em cada canto da casa ou do espaço onde o ritual de passagem de ano será realizado, circulando a fumaça pelas paredes, janelas e portas, enquanto o praticante recita orações ou afirmações de limpeza e proteção. O som suave de sinos ou chocalhos pode ser utilizado junto com a defumação, ajudando a dispersar qualquer energia densa e elevando a vibração do espaço.

Cristais também são poderosos aliados em rituais de purificação. O quartzo transparente, por exemplo, é conhecido por suas propriedades de amplificação e limpeza energética. Colocar cristais ao redor do espaço ritualístico ou diretamente no altar ajuda a manter o ambiente limpo e energeticamente equilibrado. Para uma limpeza mais profunda, os cristais podem ser colocados em água com sal marinho por algumas horas antes do ritual, ou purificados através da fumaça de incenso ou sálvia, reforçando sua capacidade de absorver e transmutar energias.

Outro aspecto importante dos rituais de limpeza é a purificação dos objetos que serão utilizados no ritual. Velas, incensos, cristais e outros objetos simbólicos devem ser consagrados antes do uso. Isso pode ser feito passando os objetos pela fumaça da defumação, aspergindo-os com água purificada ou simplesmente segurando-os com intenção e pedindo às energias superiores que os abençoem e os preparem para o ritual. Esse ato de consagração garante que todos os itens utilizados estejam alinhados com as intenções do praticante e prontos para canalizar as energias desejadas.

O uso de incensos é outra prática que complementa a purificação do ambiente. Cada tipo de incenso carrega uma propriedade específica que pode ser utilizada para intensificar as intenções do ritual. O incenso de olíbano, por exemplo, é frequentemente utilizado em rituais de proteção e limpeza profunda, enquanto a mirra é ideal para purificação espiritual. Durante o ritual, o praticante pode permitir que a fumaça suba lentamente, visualizando as energias pesadas sendo dissipadas e o ambiente se enchendo de luz e pureza.

Purificar também significa liberar — liberar sentimentos, pensamentos ou energias que não servem mais. Durante o processo de preparação, o praticante pode refletir sobre o que deseja deixar no ano que passou. Isso pode incluir padrões de comportamento, relacionamentos desgastados ou medos que impediram o crescimento. Colocar esses sentimentos no papel e depois queimá-lo em uma chama de vela ou fogueira é um ato simbólico de liberação. O fogo transforma esses bloqueios em cinzas, e esse ato ritualístico permite ao praticante sentir-se mais leve e preparado para o novo ciclo.

As práticas de purificação não se limitam ao corpo e ao espaço físico, mas também podem se estender ao campo emocional. O praticante pode usar meditações específicas para limpar seu campo áurico e dissolver as emoções negativas que se acumularam ao longo do ano. Visualizar uma luz branca ou dourada envolvendo todo o corpo e removendo as sombras internas é uma técnica comum que ajuda a alinhar mente e espírito para o ritual. Durante essa meditação, o foco deve estar no ato de deixar ir, permitindo que a mente se liberte de pensamentos e preocupações que não têm mais utilidade.

Por fim, os rituais de limpeza e purificação devem ser realizados com intenção e presença. A importância desses atos vai além do simples processo de limpeza; eles são uma forma de honrar o que foi vivido e de abrir espaço para o que está por vir. Ao limpar e purificar, o praticante não está apenas se preparando para um novo ciclo, mas também afirmando seu compromisso com a transformação e a renovação. O que se limpa não é apenas o espaço físico ou o corpo, mas também o espírito — uma preparação sagrada para receber as bênçãos e as energias do novo ano.

Depois de realizar as purificações mais simples e essenciais, como banhos de sal grosso, defumações e a limpeza do ambiente, é possível aprofundar ainda mais o processo de purificação através de rituais ancestrais e práticas espirituais mais complexas. Essas práticas não apenas removem as energias negativas, mas também atuam como um renascimento simbólico, preparando o espírito para um novo ciclo com uma base profundamente limpa e renovada.

Uma das práticas mais poderosas de purificação envolve o uso do fogo em cerimônias específicas, como o ritual da queima simbólica. Este ritual é encontrado em várias tradições espirituais e envolve a queima de objetos, escritos ou símbolos que representem energias, padrões ou situações que o praticante deseja deixar para trás. O fogo, neste contexto, é visto como o agente da transmutação, que transforma tudo o que toca. Para realizar esse ritual, o praticante escreve em um papel tudo aquilo que deseja purificar — medos, frustrações, comportamentos ou relacionamentos antigos — e depois queima esse papel em uma chama ou pequena fogueira, visualizando essas energias sendo destruídas e transformadas em cinzas.

Durante esse processo, é comum que se utilize cânticos ou orações, invocando as forças do fogo para que ajudem a libertar o praticante de tudo o que já não serve mais em sua vida. Em algumas tradições, como as práticas xamânicas, a queima de objetos ou plantas secas também é usada para honrar os ancestrais e pedir por proteção e renovação espiritual, garantindo que o ciclo se encerre de forma harmônica e respeitosa. Esse tipo de ritual pode ser realizado ao ar livre, próximo à natureza, reforçando a conexão com os elementos e com a terra que, simbolicamente, acolhe as cinzas do passado.

Outro tipo de purificação espiritual avançada envolve o uso de banhos com ervas sagradas e águas consagradas. Em culturas como a africana e a afro-brasileira, rituais de banho com folhas e ervas são considerados essenciais para a limpeza profunda do espírito. Essas práticas são conhecidas como "banhos de descarrego" ou "banhos de axé", e são realizados com a intenção de remover energias espirituais densas e trazer proteção. Cada folha ou erva usada no banho tem um significado e uma vibração específica, e a escolha delas deve estar de acordo com a intenção do praticante para o novo ano. Ervas como arruda, guiné e espada-de-são-jorge são poderosas para afastar energias negativas, enquanto folhas como manjericão e hortelã são usadas para atrair harmonia e renovação espiritual.

Esses banhos são realizados de maneira ritualística, onde as ervas são fervidas em água ou maceradas para liberar suas propriedades espirituais. O praticante pode recitar orações ou cânticos enquanto prepara o banho, visualizando as energias de cura e proteção sendo absorvidas pela água. Ao banhar-se, é importante fazer isso com plena consciência, sentindo cada gota de água carregando as energias das ervas e limpando não apenas o corpo físico, mas também o corpo energético. Em alguns casos, as águas usadas no banho são levadas a um rio ou ao mar, onde são entregues às forças naturais, finalizando o ciclo de purificação com a bênção da água corrente.

As cerimônias de purificação com fogo e água são muitas vezes acompanhadas por técnicas xamânicas de limpeza energética. Uma dessas técnicas é o uso da prática do "sopro" ou "soplo", comum em tradições andinas. Neste ritual, o xamã ou o próprio praticante sopra ar sobre certas partes do corpo ou objetos, liberando energias estagnadas e trazendo nova vida. O ar é carregado com intenções e orações de cura, e o ato de soprar simboliza a transferência e a renovação da energia vital. Durante um ritual de passagem de ano, essa prática pode ser utilizada para limpar o campo áurico, garantindo que o praticante entre no novo ciclo livre de bloqueios energéticos.

A prática do "sopro" pode ser combinada com a técnica de bater tambores ou chocalhos, que, segundo várias tradições indígenas, ajuda a quebrar as densidades energéticas no corpo e no ambiente. O ritmo do tambor, alinhado com as batidas do coração, cria uma ressonância que reorganiza o campo energético e eleva a vibração espiritual. A batida contínua e intencional dos tambores durante um ritual de purificação é conhecida por trazer clareza mental, liberar emoções presas e abrir canais espirituais, permitindo que o praticante se conecte com dimensões superiores.

Além de rituais com fogo e água, o uso de ervas para defumação mais complexa também pode intensificar o processo de limpeza. Em vez de apenas sálvia ou palo santo, a defumação pode incluir ervas e resinas específicas, como a mirra, o copal e o cedro, que são reconhecidos por suas fortes propriedades espirituais de purificação e elevação. Essa fumaça não apenas limpa o ambiente, mas também pode ser usada diretamente no corpo, passando-a sobre a cabeça, o peito e as mãos, para garantir que o corpo inteiro esteja energeticamente limpo e preparado para o novo ciclo. Tradicionalmente, a defumação com resinas é feita em cerimônias que visam consagrar o espaço e elevar a vibração espiritual antes de grandes transições.

O uso de sons durante esses rituais também é importante. Além dos tambores, a utilização de sinos, tigelas tibetanas ou outros instrumentos de som sagrado ajuda a purificar o ambiente e a mente. As vibrações emitidas por esses sons harmonizam as frequências energéticas do corpo, limpando camadas mais sutis de energia que podem estar bloqueadas. Durante o ritual de purificação, o som age como um guia que leva o praticante a um estado mais profundo de consciência, permitindo que a mente se liberte de distrações e que o foco seja totalmente direcionado à renovação espiritual.

Por fim, é importante lembrar que rituais de purificação mais avançados devem ser realizados com intenção clara e respeito pelas forças espirituais invocadas. Muitas dessas práticas carregam a sabedoria ancestral de povos e tradições que consideram a purificação como um ato sagrado, e ao incorporá-las em um ritual de passagem de ano, o praticante se alinha com essa antiga sabedoria. Ao concluir essas práticas, o praticante deve sentir-se leve, livre das energias do ciclo anterior e completamente preparado para receber o novo ciclo com clareza, proteção e um espírito renovado.

Esses rituais de purificação mais profundos não apenas removem o que está velho ou bloqueado, mas também transformam o praticante em um canal puro, pronto para cocriar com o universo as bênçãos e os resultados desejados para o ano que está por vir. Com o corpo, o ambiente e o espírito purificados, o ritual de passagem de ano se torna uma verdadeira jornada de renovação, onde o passado é honrado e liberado, e o futuro é acolhido com intenções claras e um coração limpo.

Capítulo 7
Ritual de Despedida do Ano Velho

Despedir-se do ano que está terminando é um ato simbólico de grande importância nos rituais de passagem de ano. Esse momento não se trata apenas de virar uma página, mas de integrar os aprendizados, soltar o que não serve mais e agradecer pelas experiências vividas, sejam elas positivas ou desafiadoras. O ritual de despedida do ano velho permite que o praticante encerre ciclos de maneira consciente, com aceitação e gratidão, preparando-se para a abertura de um novo ciclo com o coração leve e a mente clara.

O primeiro passo para conduzir esse ritual é a reflexão profunda sobre os acontecimentos do ano. O praticante pode reservar um momento de silêncio ou meditação para recapitular os principais eventos, as emoções sentidas, as conquistas e os desafios. Essa prática de introspecção cria um espaço sagrado onde é possível rever o ano como uma jornada de crescimento, sem julgamentos, e identificar o que precisa ser deixado para trás. Cada evento, seja ele alegre ou doloroso, contém uma lição, e esse é o momento de reconhecê-las e integrá-las.

Escrever cartas de despedida é uma das práticas mais eficazes e comuns nesse tipo de ritual. O praticante pode escrever uma carta para o próprio ano, endereçando-se às experiências que deseja encerrar.

Nessa carta, podem ser expressos os sentimentos de gratidão pelas lições aprendidas, bem como o desejo de liberar padrões antigos, medos ou bloqueios emocionais que não têm mais lugar no novo ciclo. Esse processo de escrita é altamente transformador, pois o ato de colocar os sentimentos em palavras permite uma liberação emocional profunda.

Além das cartas para o ano, o praticante pode escrever para pessoas ou situações específicas que marcaram o ciclo. Em muitos casos, essas cartas funcionam como uma forma de despedida simbólica de relações ou fases da vida que precisam ser encerradas. Mesmo que essas cartas nunca sejam enviadas, o simples ato de expressar os sentimentos — seja gratidão ou perdão — já promove uma cura emocional significativa. Esse momento é uma oportunidade para aceitar o que não pode ser mudado e fazer as pazes com o passado, para que o novo possa entrar sem a interferência de velhas mágoas.

A escrita é apenas o começo do ritual. Após refletir e registrar o que deseja soltar, o próximo passo é o ato simbólico de liberar essas energias. Uma prática comum é a queima das cartas de despedida. O fogo, com seu poder de transmutação, é o elemento perfeito para transformar o velho em cinzas, permitindo que as energias presas ou desgastadas sejam liberadas. Ao queimar as cartas, o praticante pode visualizar as situações, emoções ou padrões sendo destruídos pelo fogo, abrindo espaço para o novo. Esse momento é de alívio e renovação, marcando o ponto final de ciclos que já cumpriram seu papel.

Durante o processo de queima, é comum recitar orações, mantras ou cânticos que reforcem a intenção de liberação. Uma oração de gratidão pode ser direcionada ao ano que passou, reconhecendo as bênçãos e os aprendizados. Cânticos simples ou até mesmo palavras de agradecimento espontâneas são formas de selar a despedida com uma energia positiva. Ao honrar o que foi vivido, o praticante cria um campo de aceitação e harmonia, onde o antigo é respeitado, mas é deixado para trás sem resistência ou apego.

Outro aspecto essencial do ritual de despedida é a meditação para aceitação das lições aprendidas. Ao encerrar o ciclo, o praticante deve reservar um tempo para se conectar com o coração e refletir sobre os ensinamentos que o ano trouxe. A aceitação é um passo crucial para a cura emocional, pois permite que o praticante veja o que foi vivido como parte de sua jornada de evolução, sem ressentimentos ou arrependimentos. A prática de meditação durante esse momento ajuda a silenciar a mente e a encontrar a paz interior, permitindo que o passado seja visto com uma perspectiva mais ampla e compassiva.

Além da meditação e da queima de cartas, outros elementos simbólicos podem ser incorporados ao ritual, como velas e cristais. Acender uma vela no início da cerimônia representa a iluminação do caminho para o novo ano e também simboliza a luz que o praticante deseja trazer para sua vida ao longo do próximo ciclo. O uso de cristais, como ametista ou quartzo rosa, ajuda a promover a cura emocional e a transmutação de energias densas. Esses cristais podem ser colocados no altar ou segurados durante o ritual, amplificando a intenção de cura e liberação.

Fechar ciclos de maneira consciente é fundamental para que o novo ano seja recebido com plenitude. Sem esse encerramento, as energias do passado podem continuar a influenciar o presente e o futuro, criando obstáculos que dificultam a manifestação de novos sonhos e metas. Por isso, o ritual de despedida do ano velho não é apenas uma prática simbólica, mas um ato profundo de limpeza espiritual e emocional. Ele prepara o terreno para que o novo ciclo seja iniciado com clareza, disposição e uma abertura genuína para novas oportunidades.

Ao final do ritual, o praticante pode sentir uma sensação de leveza e liberdade, como se um peso invisível tivesse sido retirado dos ombros. A despedida do ano que passou não precisa ser feita com tristeza, mas com gratidão e respeito pelo caminho percorrido. O ato de honrar o passado, sem se apegar a ele, permite que a transição entre os ciclos seja harmoniosa e enriquecedora. Assim, o praticante está pronto para iniciar o próximo ritual: o de boas-vindas ao ano novo, com a certeza de que tudo o que precisava ser encerrado já foi deixado para trás de forma consciente e respeitosa.

Ao aprofundar o ritual de despedida do ano velho, entramos em um terreno mais simbólico, onde as práticas ritualísticas ganham ainda mais significado e poder. Esta parte do ritual tem como foco a materialização da despedida, utilizando elementos simbólicos e rituais que ancoram a intenção de liberação e transformação. A transição do velho para o novo deve ser marcada por gestos profundos e conscientes, permitindo que o praticante libere de forma definitiva as energias acumuladas durante o ano que passou.

Um dos rituais mais poderosos para simbolizar o encerramento de um ciclo é a queima de cartas ou objetos que representam o ano anterior. Se na primeira parte do ritual de despedida o praticante refletiu e escreveu suas cartas de encerramento, agora é o momento de levá-las ao fogo de forma ainda mais consciente. A chama representa a transmutação de tudo aquilo que o praticante está disposto a deixar para trás — padrões de comportamento, emoções, mágoas, situações que não servem mais ao seu crescimento. Ao queimar as cartas, é importante fazer isso com intenção e presença, visualizando a liberação de todas as energias negativas e estagnadas sendo consumidas pelas chamas.

Outro ato simbólico que pode ser incorporado é enterrar objetos que representem energias antigas. Objetos pessoais ou símbolos que carregam memórias ou sentimentos do ciclo que está terminando podem ser colocados em uma pequena caixa e enterrados em um lugar especial, como em um jardim ou embaixo de uma árvore. O ato de enterrar simboliza não apenas o fim de um ciclo, mas também a transformação dessas energias em algo novo. A terra, com seu poder de regeneração, absorve e transforma essas energias, permitindo que novos ciclos brotem com força e vitalidade. Assim, o que foi enterrado não está simplesmente sendo esquecido, mas transformado em fertilidade para o futuro.

Esses rituais simbólicos ganham força quando acompanhados por cânticos ou orações que reforçam a intenção de liberação e gratidão. O praticante pode entoar mantras específicos ou recitar orações que ressoem com a sua tradição espiritual, pedindo que as energias do passado sejam liberadas com amor e gratidão. Cânticos de gratidão ao ano que passou também podem ser utilizados para honrar as experiências vividas, tanto os momentos de alegria quanto os desafios, que trouxeram crescimento e aprendizado. O som é um amplificador de intenções, e entoar palavras de liberação e agradecimento eleva a vibração energética do ritual, criando um espaço de cura e transformação.

Outro aspecto fundamental do ritual de despedida do ano velho é o uso de elementos naturais. A prática de defumar o espaço com ervas como sálvia, alecrim ou arruda é uma maneira poderosa de limpar o ambiente e o campo energético pessoal de qualquer resquício do ciclo anterior. Ao defumar, o praticante pode visualizar a fumaça levando embora as energias pesadas ou estagnadas, purificando o local para que o novo ano possa ser recebido com clareza e leveza. A defumação também pode ser feita em volta do próprio corpo, limpando o campo áurico e ajudando a eliminar bloqueios emocionais e espirituais que podem ter se acumulado durante o ano.

Além do uso da defumação, a purificação com água é outra prática poderosa para encerrar o ciclo. Realizar um banho ritualístico com ervas purificadoras — como lavanda, manjericão ou hortelã — permite que o praticante limpe não apenas o corpo físico, mas também as emoções e o espírito. A água, com seu poder fluido e renovador, ajuda a dissolver mágoas, tristezas e tensões, deixando o praticante preparado para o novo ciclo. Durante o banho, o praticante pode fazer orações silenciosas ou meditar, visualizando a água lavando todas as energias antigas, permitindo que tudo o que não serve mais seja levado embora.

A criação de um altar temporário para o ritual de despedida também pode fortalecer a conexão com o sagrado. Neste altar, o praticante pode colocar símbolos que representem o ano que está se despedindo — fotos, objetos que carregam memórias especiais ou mesmo elementos naturais, como pedras ou flores, que simbolizam o encerramento do ciclo. Velas podem ser acesas como um gesto de luz e clareza, representando o fim de um ciclo e a abertura para o próximo. O altar serve como um espaço físico onde o praticante pode concentrar suas intenções, visualizando o fim do ano como uma transição espiritual, marcada por gratidão e aceitação.

À medida que o praticante finaliza o ritual de despedida, é importante ancorar o sentimento de gratidão e aceitação. A gratidão é uma chave poderosa, pois permite que o ciclo seja encerrado com paz, sem arrependimentos ou resistências. A aceitação das lições do ano, sejam elas fáceis ou difíceis, ajuda o praticante a seguir em frente com o coração mais leve. Isso não significa que tudo no ano anterior precisa ser visto com satisfação, mas sim que o praticante reconhece que cada experiência trouxe uma contribuição para o seu crescimento, mesmo aquelas que foram dolorosas.

Para finalizar o ritual, o praticante pode recitar uma oração de encerramento, agradecendo ao ano que passou e pedindo bênçãos para o novo ciclo. Essa oração pode ser simples ou elaborada, mas deve refletir o sentimento de gratidão pelo que foi vivido e a disposição de acolher as novas oportunidades que o próximo ano trará. O importante é que essa oração feche o ciclo de maneira positiva, selando as intenções do praticante com amor e paz.

Encerrar o ciclo com um ritual de despedida bem elaborado, envolvendo gestos simbólicos e práticas profundas de purificação, garante que o ano que passou seja honrado e liberado de forma consciente. Esse ato ritualístico não apenas ajuda a deixar o passado no lugar devido, mas também prepara o espírito para receber o novo ciclo de braços abertos. Através da queima de cartas, do enterro de objetos, da purificação com água e da defumação com ervas, o praticante está simbolicamente dizendo adeus ao ano que se encerra e acolhendo o futuro com a certeza de que tudo o que precisava ser deixado para trás foi tratado com respeito e encerrado com dignidade.

Agora, com o espaço limpo e as energias renovadas, o praticante está pronto para iniciar um novo ciclo, ciente de que a despedida do ano velho foi feita de forma plena e consciente. Este encerramento abre caminho para os rituais que virão, permitindo que o ano novo seja recebido com um coração purificado e uma mente aberta, pronta para as novas lições e bênçãos que o aguardam.

Capítulo 8
Ritual de Boas-Vindas ao Ano Novo

Depois de encerrar o ciclo do ano anterior com um ritual de despedida, o próximo passo é a cerimônia de boas-vindas ao ano novo. Este é um momento de celebração e renovação, onde o praticante se abre para as energias frescas do novo ciclo que está prestes a começar. A essência desse ritual é receber o ano novo com gratidão, entusiasmo e esperança, criando um espaço sagrado para que as intenções estabelecidas possam florescer ao longo do ciclo. As práticas desse ritual enfatizam a renovação espiritual e a preparação para os desafios e bênçãos que o novo ano trará.

Um dos primeiros passos no ritual de boas-vindas é a criação de um ambiente que reflita as energias de renovação e celebração. O espaço deve estar devidamente purificado e harmonizado, como foi feito durante os rituais de limpeza, mas agora ele precisa ser adornado com símbolos que representem a esperança e o recomeço. Flores frescas, frutas e sementes podem ser colocadas no altar ou em pontos centrais do ambiente. Esses elementos naturais trazem a energia da vida, fertilidade e crescimento, lembrando o praticante que o novo ciclo é uma oportunidade para plantar novas sementes e nutrir seus sonhos.

As velas são essenciais nesse momento do ritual. Elas representam a luz que ilumina o caminho para o ano que está por vir. Acender velas durante o ritual de boas-vindas ao ano novo é uma forma de simbolizar clareza, propósito e a presença da luz espiritual que guiará o praticante ao longo do novo ciclo. Cada vela pode ter uma cor ou significado especial, dependendo das intenções para o novo ano. Velas brancas simbolizam pureza e novos começos; velas douradas atraem prosperidade e sucesso; e velas verdes podem ser usadas para abundância e crescimento. O ato de acender as velas deve ser feito com intenção clara, talvez acompanhado por uma breve oração ou uma afirmação que reforce as metas estabelecidas.

Outro aspecto importante deste ritual são as oferendas. Oferecer frutas, flores e até mesmo grãos ao altar simboliza a gratidão pela abundância que o novo ano trará. Em muitas culturas, oferendas são feitas como uma forma de honrar os deuses, os ancestrais ou as forças da natureza. No contexto do ritual de passagem de ano, elas servem como um gesto de recepção e alinhamento com as energias universais que regem os ciclos de renovação. As frutas e flores, por sua vez, representam a beleza e a fertilidade, sendo um símbolo de vida que está florescendo. Após o ritual, essas oferendas podem ser compartilhadas entre os participantes ou deixadas em um local sagrado como sinal de gratidão à natureza.

No coração do ritual de boas-vindas está a oração de gratidão e intenção. O praticante deve tomar um momento para agradecer pelas oportunidades que o novo ano trará, expressando seu desejo de viver o ciclo com sabedoria, abertura e propósito. As orações, que podem ser tradicionais ou espontâneas, criam uma conexão direta entre o praticante e as forças espirituais que guiarão seu caminho. Elas também são uma forma de consagrar o momento de transição, reconhecendo a importância de começar o novo ciclo com uma mente e um espírito claros.

Além das orações, o praticante pode incluir práticas de visualização. Este é o momento ideal para visualizar como será o ano à frente, projetando com detalhes as metas e os sonhos que deseja alcançar. A visualização não é apenas um ato de imaginação, mas uma maneira de alinhar a mente e o espírito com o que se deseja manifestar. Ao visualizar o ano novo como se os sonhos já estivessem se materializando, o praticante ativa o poder da intenção, atraindo para si as experiências e oportunidades que deseja. Durante essa prática, é importante se concentrar em sentimentos positivos, como alegria, gratidão e empolgação, para aumentar a vibração energética e alinhar-se com as forças do novo ciclo.

O som também pode ser um componente essencial do ritual de boas-vindas. Instrumentos como sinos, tigelas tibetanas ou tambores podem ser usados para marcar o início do novo ciclo com vibrações sonoras que ressoam com as energias do universo. Esses sons, além de ajudarem a purificar o ambiente, trazem uma sensação de renovação e alinhamento espiritual. O som tem o poder de abrir portais energéticos, permitindo que o praticante se conecte com as forças cósmicas que guiarão o ano. Tocar um sino ou tambor logo após as orações de boas-vindas cria um movimento simbólico de abertura, como se o som estivesse chamando o novo ciclo para se manifestar.

Outra prática poderosa que pode ser incorporada ao ritual é o uso de incensos. Queimar incensos como olíbano, mirra ou sândalo enquanto se faz as orações e visualizações ajuda a elevar a vibração do espaço, trazendo clareza espiritual. A fumaça do incenso pode ser visualizada como portadora de intenções, carregando os desejos e orações do praticante para o universo. Assim, o ritual de boas-vindas é uma mistura de terra e espírito — elementos materiais como frutas e flores, combinados com a espiritualidade das orações, visualizações e o uso do som e da fumaça.

Ao final do ritual, o praticante pode selar as intenções para o ano com um gesto simbólico, como erguer uma taça de vinho ou água e fazer um brinde em celebração ao novo ciclo. Esse brinde não é apenas um ato festivo, mas uma forma de consagrar o momento, reforçando a gratidão pelo ciclo que se inicia. Beber um gole da taça simboliza a absorção das bênçãos e das novas oportunidades, uma forma de selar o compromisso com as metas e os desejos projetados.

O ritual de boas-vindas ao ano novo é, acima de tudo, um ato de abertura. Ele celebra o que está por vir, mas também solidifica as intenções estabelecidas, criando um ponto de partida claro e auspicioso para o ciclo que começa. Ao combinar símbolos de vida, luz, gratidão e propósito, o praticante cria uma atmosfera de renovação espiritual que irá sustentá-lo ao longo de todas as transições e desafios do novo ano.

Após a introdução às práticas simbólicas e espirituais que celebram o início do novo ciclo, o ritual de boas-vindas ao ano novo pode ser aprofundado com práticas mais elaboradas que intensificam a conexão do praticante com as energias do recomeço. Este capítulo explora a ampliação dessas práticas, incorporando elementos mais ricos e complexos, como danças circulares, invocação de deidades protetoras e rituais focados em prosperidade. Essas adições servem para ancorar o praticante nas intenções que definiu, elevando a vibração do ritual e potencializando os resultados desejados para o novo ciclo.

Um dos elementos mais tradicionais e transformadores é a introdução de danças circulares no ritual. As danças em círculos são encontradas em várias culturas ao redor do mundo, e seus movimentos ritmados são vistos como uma forma de conectar-se com o fluxo contínuo da vida e dos ciclos naturais. Durante o ritual de passagem de ano, dançar em círculo representa o infinito, o eterno movimento do tempo, e a união entre o praticante e o universo. Os participantes podem formar um círculo e realizar movimentos suaves e repetitivos, concentrando-se nas intenções de renovação e prosperidade. O movimento circular cria um campo energético poderoso, onde cada passo reforça a ideia de continuidade e equilíbrio.

Enquanto a dança flui, o praticante pode invocar deidades ou arquétipos protetores que ressoam com o tema da renovação. Em muitas tradições, a invocação de deidades é uma maneira de atrair proteção, sabedoria e orientação para o novo ciclo. Divindades como Lakshmi, deusa hindu da prosperidade, ou Ganesha, o removedor de obstáculos, podem ser chamadas para abençoar o ano que está começando. Em práticas ocidentais, arcanjos ou guias espirituais também podem ser invocados para proteger e guiar o praticante em suas jornadas espirituais e materiais. A invocação é feita por meio de orações, cânticos ou mantras, sempre com uma intenção clara e aberta para receber as bênçãos dessas forças superiores.

Além da dança e das invocações, o uso de símbolos de abundância é outra prática fundamental neste estágio mais profundo do ritual. Moedas, sementes e cristais são objetos tradicionalmente associados à prosperidade e ao crescimento. Criar um altar com esses elementos, ou até mesmo distribuí-los no ambiente, ajuda a ancorar a intenção de atrair abundância. Moedas podem ser colocadas em um pote ou dispostas no centro do círculo de dança, enquanto sementes podem ser espalhadas ou seguradas pelos praticantes, representando as novas oportunidades e sonhos que serão "plantados" e cultivados ao longo do novo ciclo. Cristais como a pirita, conhecida como "a pedra da prosperidade", também podem ser colocados no altar para amplificar a energia da abundância.

A queima de velas continua a ser um elemento essencial, mas neste estágio do ritual, ela pode ser realizada de maneira ainda mais ritualística. Cada vela acesa pode simbolizar um aspecto específico do que o praticante deseja manifestar — seja em áreas como saúde, amor, prosperidade ou espiritualidade. Durante a queima das velas, o praticante pode recitar mantras ou afirmar em voz alta as suas intenções para o ano, visualizando essas intenções ganhando forma à medida que a chama brilha. A luz da vela é vista como uma conexão direta com o divino, e seu brilho simboliza a realização dos desejos.

A prosperidade é um dos principais temas em rituais de boas-vindas ao ano novo, e há várias práticas que podem ajudar a atrair abundância para o ciclo que se inicia. Uma das mais antigas e simbólicas é o uso de oferendas de grãos e sementes, como arroz ou lentilhas, que representam fartura e colheita. O praticante pode segurar esses grãos enquanto faz suas orações ou intenções e, em seguida, depositá-los em uma tigela ou no altar como um gesto de agradecimento pelo que está por vir. Esse gesto não só simboliza a colheita futura, mas também reforça a crença de que os esforços e intenções do praticante darão frutos ao longo do ano.

Outra prática que intensifica a conexão espiritual durante o ritual é a meditação com visualizações específicas de prosperidade e crescimento. Aqui, o praticante pode visualizar um campo fértil, onde as sementes (metafóricas ou literais) que plantou no ritual começam a crescer, florescer e frutificar. Esta meditação é uma forma de se conectar diretamente com a energia da manifestação, fortalecendo a convicção de que suas intenções serão concretizadas no mundo material. Durante a visualização, o praticante deve concentrar-se nas sensações de alegria e gratidão, sentindo como seria ver seus sonhos realizados.

O uso de símbolos adicionais de prosperidade, como moedas e notas de dinheiro, também pode ser uma maneira eficaz de atrair riqueza. No contexto do ritual, o praticante pode carregar uma moeda específica ou colocar dinheiro no altar, imbuindo esses objetos com a energia da prosperidade. Em algumas tradições, é comum que essas moedas ou notas sejam consagradas durante o ritual e depois guardadas na carteira ou em um lugar especial durante o ano, atuando como um amuleto para atrair prosperidade financeira.

A música, já introduzida em partes anteriores do ritual, continua a desempenhar um papel central nesta fase. Instrumentos como tambores, sinos e chocalhos podem ser tocados para criar uma vibração elevada, marcando o ritmo da dança e das invocações. Cânticos antigos, músicas de celebração e mantras de prosperidade, como o famoso mantra hindu "Om Shreem Mahalakshmiyei Namah", podem ser entoados, ajudando a criar uma atmosfera que ressoa com as intenções do praticante.

Ao final do ritual, o praticante pode realizar um ato simbólico que encerre o ciclo de boas-vindas e reafirme seu compromisso com as intenções estabelecidas. Um gesto comum é fazer uma libação — despejar um pouco de água, vinho ou outro líquido no solo, oferendo-o à terra como um ato de gratidão e entrega. Esse gesto finaliza o ritual de forma solene, afirmando que o praticante está pronto para cocriar com as energias do universo durante o novo ciclo.

Este ritual mais elaborado de boas-vindas ao ano novo é uma prática rica em simbolismo e intenção. Cada elemento — da dança circular à invocação de deidades, passando pela queima de velas e o uso de símbolos de prosperidade — contribui para criar um campo energético poderoso, onde as intenções do praticante podem ser ancoradas e amplificadas. Ao realizar este ritual, o praticante não apenas celebra o novo ciclo, mas também planta as sementes do que deseja manifestar ao longo do ano, com a certeza de que está alinhado com as forças espirituais e naturais que guiam sua jornada.

Com o coração aberto e as energias renovadas, o praticante está preparado para viver o novo ciclo com propósito, clareza e a convicção de que as intenções estabelecidas neste ritual trarão frutos ao longo do ano, à medida que ele continuar a nutrir suas metas e sonhos com amor, dedicação e espiritualidade.

Capítulo 9
Rituais de Proteção para o Ano Novo

Os rituais de proteção são um aspecto essencial de qualquer passagem de ano. Eles garantem que o novo ciclo comece com um campo energético fortalecido e protegido contra influências negativas, permitindo que o praticante avance com segurança e tranquilidade. Neste capítulo, o foco será em métodos simples, porém poderosos, para criar escudos energéticos, protegendo o corpo, a mente e o ambiente durante o ano que se inicia.

Um dos métodos mais acessíveis e eficazes é o uso de amuletos e talismãs de proteção. Esses objetos, que podem ser pequenos e fáceis de carregar, têm o poder de desviar energias negativas, além de fortalecer o campo áurico do praticante. Amuletos como a figa, o olho grego, ou pedras de proteção, como a turmalina negra ou o ônix, são tradicionalmente usados para bloquear vibrações de baixa frequência. Para criar um amuleto pessoal, o praticante pode selecionar um objeto que ressoe com seu propósito de proteção, imbuindo-o com sua intenção ao segurá-lo, recitando orações ou afirmações específicas de proteção. Isso transforma o objeto em um ponto de ancoragem espiritual, que pode ser levado consigo durante todo o ano.

Além de amuletos, o uso de cristais de proteção é amplamente recomendado. Cristais como a ametista e o quartzo fumê são particularmente eficazes para filtrar energias indesejadas e criar uma barreira energética em torno do praticante. Colocar esses cristais em pontos estratégicos da casa — próximos a portas e janelas, ou no quarto — ajuda a manter o ambiente protegido e harmonizado. Os cristais podem ser purificados com defumação ou banhos de sal antes de serem colocados, e o praticante pode programá-los com sua intenção ao segurá-los, pedindo que eles criem um campo de proteção ao seu redor.

Outro método eficaz é a visualização de escudos energéticos. Durante uma meditação simples, o praticante pode imaginar uma luz brilhante que o envolve, criando uma barreira que impede qualquer influência negativa de entrar. A cor dessa luz pode variar de acordo com a intenção — uma luz branca pode ser usada para proteção geral e clareza espiritual, enquanto uma luz dourada ou roxa pode ser visualizada para proteção mais elevada, conectada a guias espirituais. Essa prática é particularmente útil quando feita regularmente, ajudando o praticante a manter uma proteção contínua durante o ano, principalmente em momentos de vulnerabilidade ou quando exposto a ambientes de baixa vibração.

A proteção espiritual também pode ser reforçada através de orações e afirmações diárias. Repetir mantras de proteção, como o poderoso "Om Gam Ganapataye Namah" (invocando Ganesha, removedor de obstáculos), ou orações tradicionais, como o "Salmo 91", é uma prática simples que pode ser incorporada na rotina do praticante. Essas orações agem como escudos invisíveis, conectando o praticante a forças superiores que garantem sua proteção ao longo do ano. O importante é que essas orações sejam feitas com intenção clara e confiança na proteção espiritual oferecida por esses seres ou forças.

Uma prática adicional e bastante eficaz para proteção é o uso de incensos de ervas com propriedades protetoras, como arruda, sálvia ou alecrim. Ao defumar o espaço com essas ervas, o praticante limpa qualquer resíduo energético e cria uma barreira contra influências externas. O incenso pode ser queimado enquanto o praticante circula pelo ambiente, recitando orações ou mantras de proteção, especialmente perto de entradas e cantos da casa, onde energias tendem a se acumular. Essa prática pode ser realizada tanto no início do ano quanto regularmente ao longo do ciclo, especialmente após momentos de maior exposição energética.

Outro método simples e poderoso para proteção é o uso de sal grosso, uma substância conhecida por suas propriedades purificadoras e de blindagem energética. Tradicionalmente, o sal grosso é usado para criar círculos de proteção ao redor de casas, altares, ou até ao redor do corpo do praticante, bloqueando a entrada de qualquer energia negativa. Colocar pequenos recipientes com sal nos cantos da casa ou próximo à porta de entrada também ajuda a absorver e neutralizar vibrações indesejadas. Depois de um tempo, o sal pode ser descartado de maneira ritualística, como jogá-lo em água corrente, simbolizando o descarte das energias que ele absorveu.

Para quem busca uma camada extra de proteção, a consagração de objetos e espaços através de rituais de bênção é altamente recomendada. Utilizando água benta, óleos sagrados ou mesmo orações, o praticante pode consagrar objetos como talismãs, velas ou até o ambiente em que vive. Consagrar o espaço de trabalho ou de descanso cria uma atmosfera energeticamente protegida, onde as energias positivas são mantidas e as negativas, repelidas. Esse tipo de ritual fortalece a conexão entre o praticante e o ambiente, criando um escudo espiritual que protege não só o corpo, mas também a mente e o espírito.

O objetivo de todos esses métodos é criar uma camada de proteção espiritual e energética que não apenas proteja contra influências negativas, mas também eleve a vibração do praticante, conectando-o com forças superiores que garantem sua segurança ao longo do ano. Essas práticas, quando combinadas e realizadas com intenção, criam um campo energético forte e resiliente, permitindo que o novo ciclo seja vivido de maneira segura, harmônica e próspera.

Enquanto na primeira parte exploramos rituais de proteção simples e acessíveis, como amuletos, cristais e orações, nesta segunda parte mergulhamos em práticas mais profundas e complexas, capazes de criar barreiras energéticas ainda mais robustas para proteger o praticante ao longo do novo ciclo. Estes rituais envolvem a criação de círculos de proteção, invocações de guardiões espirituais e o uso de técnicas avançadas de visualização e magia protetiva.

Um dos rituais mais antigos e poderosos de proteção é a criação de um círculo protetivo. Essa prática é encontrada em várias tradições esotéricas e espirituais e envolve a formação de um espaço sagrado, onde energias externas não podem penetrar. Para criar um círculo de proteção, o praticante pode usar sal grosso, giz ou ervas específicas, como arruda ou alecrim, traçando um círculo ao redor de si ou do espaço que deseja proteger. O círculo deve ser desenhado com uma intenção clara de proteção, enquanto se recitam orações ou mantras de segurança e defesa. Durante o traçado, o praticante pode visualizar uma barreira invisível se erguendo, como uma parede de luz ou energia, que bloqueia qualquer influência negativa.

A criação de círculos de proteção é especialmente eficaz quando o praticante realiza trabalhos energéticos intensos ou se expõe a situações de vulnerabilidade espiritual. Em práticas mais avançadas, o círculo pode ser invocado sem o uso físico de objetos, através da visualização pura. Nesta prática, o praticante, em um estado meditativo profundo, imagina um círculo de luz ao seu redor, que o envolve completamente e protege seu campo energético. Essa barreira invisível pode ser reforçada diariamente, especialmente em momentos de grande exposição emocional ou quando há sensação de fragilidade energética.

Outra prática avançada de proteção é a invocação de guardiões espirituais ou deidades protetoras. Em várias tradições espirituais, como o xamanismo e a magia cerimonial, invocar entidades protetoras é uma maneira eficaz de reforçar as barreiras energéticas. Essas entidades podem ser arcanjos, deuses e deusas, ou até mesmo animais de poder, dependendo da tradição seguida pelo praticante. Por exemplo, invocar o Arcanjo

Miguel, conhecido por sua força e proteção, é uma prática comum no cristianismo esotérico. Durante o ritual, o praticante pode acender uma vela azul ou branca, dedicada ao Arcanjo Miguel, enquanto recita orações pedindo sua proteção. A visualização do arcanjo com sua espada de luz cortando qualquer energia negativa fortalece o campo energético ao redor do praticante.

No xamanismo, invocar animais de poder também pode oferecer proteção. Animais como o lobo, a águia ou o urso são tradicionalmente associados à defesa espiritual. O praticante pode meditar, pedindo que seu animal de poder o acompanhe durante o novo ciclo, protegendo-o de qualquer influência externa que possa desequilibrar sua energia. Esta invocação pode ser feita através de jornadas xamânicas, onde o praticante entra em um estado de consciência alterado para encontrar e se conectar com seu guardião espiritual, ou simplesmente por meio de meditações guiadas.

A técnica de visualização também pode ser elevada a um nível mais profundo, através da criação de barreiras psíquicas complexas. Uma visualização avançada envolve a construção de uma "cúpula" energética ao redor do corpo e do lar. O praticante, em estado meditativo, pode visualizar uma cúpula de luz dourada, que envolve toda a sua casa ou seu corpo. Essa cúpula é feita de uma luz brilhante, impenetrável para qualquer energia negativa. O praticante pode reforçar essa barreira com símbolos de poder, como pentagramas de luz ou selos de proteção, visualizando-os na superfície da cúpula. Esses símbolos podem ser mentalmente "desenhados" com as mãos, traçando no ar os selos ou símbolos que mais ressoam com a intenção de proteção.

Rituais de proteção mais elaborados também podem incluir o uso de elementos naturais, como a terra, a água, o fogo e o ar. Um ritual comum envolve a consagração de cada um desses elementos para formar uma barreira energética ao redor do praticante. Por exemplo, pode-se usar terra para traçar um círculo no chão, simbolizando a solidez e a estabilidade da proteção. Água pode ser aspergida nos cantos de um ambiente, purificando e protegendo ao mesmo tempo. O fogo, representado por velas, mantém o espaço iluminado espiritualmente, afastando energias indesejadas, enquanto o ar, simbolizado pela fumaça de ervas ou incensos, dispersa qualquer energia negativa que possa tentar se aproximar.

A consagração do lar é outro ritual fundamental para quem busca uma proteção contínua durante o novo ano. Além de utilizar sal grosso ou ervas em pontos estratégicos, o praticante pode realizar uma limpeza espiritual profunda do ambiente, utilizando defumações específicas, acompanhadas de orações de proteção. A defumação pode ser realizada com ervas como sálvia, cedro ou lavanda, que limpam e protegem energeticamente. O praticante deve passar pela casa com o incenso ou ervas em brasa, caminhando em sentido horário, purificando cada cômodo enquanto recita mantras ou orações. Ao final da defumação, pode-se traçar símbolos de proteção invisíveis nas portas e janelas, usando água benta ou óleo consagrado, selando o ambiente contra influências externas.

Por fim, uma prática que pode complementar esses rituais é o uso de sigilos de proteção. Sigilos são símbolos criados para armazenar intenções específicas, e quando ativados, funcionam como portais de proteção energética. O praticante pode criar seu próprio sigilo de proteção, desenhando um símbolo que represente sua intenção, e depois ativá-lo através de um ritual pessoal, onde o sigilo é imbuído de poder e protegido pelo praticante. Uma vez ativado, o sigilo pode ser carregado como um talismã ou desenhado discretamente em locais estratégicos, como perto de entradas ou em objetos pessoais.

Estes rituais mais complexos exigem foco, intenção e uma conexão profunda com as energias espirituais, mas os resultados são poderosos. Ao integrar essas práticas no início do novo ano, o praticante não apenas protege seu espaço físico e espiritual, mas também fortalece seu campo energético, criando uma barreira robusta contra qualquer influência negativa. Essas técnicas, quando feitas com regularidade, garantem que o ciclo que se inicia seja vivido com segurança, proteção e clareza espiritual.

Capítulo 10
Rituais de Abundância para o Ano Novo

A chegada de um novo ano é um momento de renovação, e muitos rituais de passagem de ano são centrados na atração de abundância e prosperidade para o ciclo que se inicia. A abundância não se refere apenas a ganhos materiais, mas também à plenitude espiritual, emocional e relacional. Neste capítulo, o foco será em rituais simples e poderosos que podem ser realizados para atrair essa energia de fartura e crescimento, alinhando o praticante com as forças universais que regem a prosperidade.

Um dos rituais mais tradicionais para atrair abundância é a criação de mandalas de grãos e sementes. As mandalas são representações simbólicas do universo e, quando construídas com elementos naturais como grãos de arroz, milho, feijão ou lentilhas, simbolizam a fertilidade, a colheita e a prosperidade que o praticante deseja atrair para o novo ciclo. Para realizar esse ritual, o praticante pode escolher um espaço tranquilo e, sobre uma superfície limpa, começar a dispor os grãos de forma circular, partindo do centro e expandindo o desenho conforme sua intuição. Enquanto organiza os grãos, pode-se mentalizar ou recitar intenções específicas de prosperidade, visualizando essas sementes como catalisadoras de fartura em todas as áreas da vida.

As mandalas de grãos não só simbolizam a colheita material, mas também o crescimento espiritual e emocional. Ao terminar a criação da mandala, o praticante pode deixar o desenho exposto por um período, permitindo que a energia da intenção se ancore no ambiente. Ao final do ritual, esses grãos podem ser oferecidos à natureza, como em um jardim ou bosque, como uma forma de devolver à terra a energia da abundância, reforçando a conexão com os ciclos naturais de plantio e colheita.

Outro elemento amplamente utilizado nos rituais de abundância é a moeda, um símbolo direto de riqueza e prosperidade. Uma prática comum em várias tradições envolve carregar uma moeda consagrada durante o ano como um talismã de prosperidade. Para criar esse talismã, o praticante pode escolher uma moeda ou cédula específica, limpa e brilhante. Durante o ritual, essa moeda pode ser segurada nas mãos enquanto se recitam afirmações de abundância, como "Eu sou um ímã para a prosperidade" ou "A riqueza flui para mim em todas as formas". Visualizar o dinheiro multiplicando-se e circulando livremente na vida do praticante é uma forma de ativar a energia do talismã. Depois de consagrada, essa moeda deve ser carregada sempre na carteira ou em um lugar especial, lembrando o praticante de sua conexão com a energia da abundância.

O arroz, um símbolo de prosperidade em muitas culturas, também pode ser utilizado de maneira prática nos rituais. Jogar punhados de arroz nos cantos da casa, especialmente na entrada, é uma forma simbólica de chamar prosperidade para o lar. O ritual pode ser simples: ao lançar o arroz nos cantos, o praticante mentaliza a casa sendo preenchida por fartura, harmonia e abundância. O arroz também pode ser usado em pequenos saquinhos de tecido, que podem ser deixados próximos às portas ou carregados como amuletos de prosperidade.

Além dos grãos e moedas, a folha de louro é outro símbolo de prosperidade amplamente reconhecido. Suas propriedades mágicas estão associadas à proteção e à atração de fortuna. Um ritual clássico de ano novo envolve escrever desejos ou intenções de prosperidade em uma folha de louro seca, com uma caneta dourada ou de tinta preta. Após escrever os desejos, a folha pode ser queimada em um prato ou caldeirão, permitindo que a fumaça leve essas intenções para o universo. O fogo é um elemento de transmutação, e ao queimar o louro, o praticante ativa a transformação das intenções em manifestações concretas ao longo do ano. As cinzas restantes podem ser sopradas ao vento ou enterradas, reforçando o ciclo de renovação.

Outro aspecto importante nos rituais de abundância é a decoração ritualística. A cor dourada, associada à riqueza e ao sucesso, pode ser utilizada em velas, toalhas de altar, ou até mesmo nos acessórios pessoais do praticante. Acender uma vela dourada durante o ritual, por exemplo, representa a luz da prosperidade que se expande e atrai abundância em todas as áreas da vida. A chama da vela simboliza o potencial infinito que cada novo ciclo oferece e, ao queimar, intensifica a intenção do praticante. Durante o tempo em que a vela estiver acesa, o praticante pode meditar, concentrando-se na chama e visualizando seus desejos de prosperidade se materializando com clareza e força.

Os símbolos de abundância também podem ser integrados ao ambiente em outros objetos decorativos. Cristais como citrino e pirita, conhecidos por suas propriedades de atração de riqueza e sucesso, podem ser colocados em locais estratégicos da casa, como a entrada, a mesa de trabalho ou o altar pessoal. Esses cristais amplificam a energia da prosperidade, especialmente quando programados com essa intenção. O praticante pode segurar o cristal nas mãos e, em um estado meditativo, visualizar a energia da riqueza fluindo livremente em sua vida. Ao final da meditação, o cristal estará imbuído dessa vibração e atuará como um catalisador de oportunidades e sucesso.

A água, símbolo de fluxo e renovação, também pode ser incorporada nos rituais de prosperidade. O praticante pode preparar uma tigela com água limpa e cristalina e, ao redor da tigela, dispor moedas e pequenos cristais. Durante o ritual, as mãos podem ser mergulhadas na água, e o praticante pode sentir a energia fluida da prosperidade passando por seus dedos. O uso da água reforça o conceito de que a riqueza, assim como o fluxo da água, deve ser livre e constante. Ao final do ritual, a água pode ser usada para regar plantas ou ser derramada em um local sagrado, conectando a intenção à natureza e ao ciclo de renovação.

Esses rituais, apesar de simples, são poderosos em sua capacidade de alinhar o praticante com a energia da prosperidade. Eles combinam símbolos universais de abundância — como grãos, moedas, louro e cristais — com práticas espirituais que ancoram a intenção no plano material. Ao realizar esses rituais, o praticante não está apenas atraindo prosperidade, mas também fortalecendo sua própria relação com a energia da abundância, aprendendo a viver em um fluxo constante de gratidão, crescimento e plenitude.

Na sequência dos rituais de abundância abordados anteriormente, o próximo passo é aprofundar as práticas, introduzindo métodos mais elaborados e espiritualmente intensos para atrair prosperidade durante o ano novo. Estes rituais vão além das práticas simples de grãos, moedas e símbolos de riqueza, envolvendo elementos astrológicos, fases lunares e a invocação de deidades ligadas à prosperidade. O objetivo é fortalecer a conexão do praticante com as energias universais de abundância, utilizando rituais que não apenas atraem riqueza material, mas também espiritual, emocional e energética.

Um dos rituais mais poderosos para manifestar abundância é o alinhamento com a lua cheia. A lua, com sua força gravitacional e conexão com os ciclos da vida, é um símbolo de manifestação e poder. Durante a lua cheia, suas energias atingem o ápice, tornando-se o momento ideal para rituais de prosperidade e manifestação de sonhos. A lua cheia é um período de plenitude e expansão, sendo perfeita para quem deseja atrair mais abundância para sua vida.

O ritual pode ser realizado ao ar livre ou em um espaço sagrado dentro de casa. O praticante deve preparar um pequeno altar, utilizando símbolos de abundância como cristais (especialmente citrino, pirita ou jade), moedas e sementes. Acender uma vela branca ou dourada é um ato simbólico para iluminar o caminho da prosperidade. Ao iniciar o ritual, o praticante pode se sintonizar com a energia da lua cheia, sentando-se em um estado meditativo e absorvendo sua luz e força. Durante esse período de meditação, pode-se visualizar a abundância fluindo em todas as áreas da vida, envolvendo tanto o lado material quanto o emocional e espiritual.

Após a meditação, é o momento de definir intenções claras de prosperidade. O praticante pode escrever essas intenções em um pedaço de papel — seja para atrair novas oportunidades de crescimento profissional, harmonizar as finanças, ou trazer mais equilíbrio e abundância emocional. Esse papel pode ser queimado em uma chama ou enterrado, simbolizando o envio dessas intenções ao universo. Se o praticante preferir, também pode manter o papel dobrado em um altar ou em sua carteira, para que as intenções permaneçam ancoradas ao longo do ciclo lunar.

Para quem deseja trabalhar de forma mais profunda com a energia lunar, realizar esse ritual de prosperidade ao longo de um ciclo lunar completo é uma prática poderosa. Começando na lua nova, o praticante pode plantar as sementes de suas intenções de prosperidade, aproveitando o período de crescimento da lua para nutrir essas intenções e reforçar sua conexão com a abundância. A lua cheia, por sua vez, marca o auge dessas intenções, enquanto a lua minguante é o momento ideal para eliminar bloqueios e obstáculos que podem estar impedindo o fluxo de abundância.

Outro ritual de abundância muito eficaz envolve a invocação de deidades associadas à prosperidade. Em diversas tradições, divindades como Lakshmi (deusa hindu da riqueza e prosperidade), Ganesha (remover de obstáculos) e Fortuna (deusa romana da sorte) são invocadas para abençoar e garantir abundância. O praticante pode criar um altar dedicado a essas divindades, decorado com flores, frutas, velas e símbolos que ressoem com a energia de cada uma.

Para invocar Lakshmi, por exemplo, o praticante pode recitar mantras sagrados como "Om Shreem Mahalakshmiyei Namah", visualizando a deusa derramando riquezas e bênçãos sobre sua vida. O altar pode ser decorado com elementos dourados, flores de lótus e moedas, que representam a abundância que Lakshmi traz. Durante o ritual, é importante que o praticante mantenha um estado de gratidão, reconhecendo que a prosperidade não é apenas material, mas também espiritual e emocional.

A invocação de Ganesha, por outro lado, é recomendada para aqueles que sentem que obstáculos estão bloqueando o fluxo de abundância em suas vidas. Ganesha é conhecido como o removedor de obstáculos e pode ser invocado para limpar o caminho para o crescimento e a prosperidade. O praticante pode recitar o mantra "Om Gam Ganapataye Namah" durante o ritual, acendendo uma vela laranja (cor associada a Ganesha) e oferecendo doces, como modaks, que são considerados sagrados para essa divindade. A visualização de Ganesha abrindo caminhos e dissolvendo barreiras é uma prática poderosa que prepara o terreno para que a prosperidade flua livremente.

Além da invocação de deidades, um método mais avançado de manifestação de abundância envolve o uso de ciclos astrológicos. Os planetas também exercem uma forte influência sobre a energia do praticante e podem ser usados para intensificar rituais de prosperidade. Durante o ano, momentos específicos como os trânsitos de Júpiter, o planeta da expansão e da sorte, são ideais para realizar rituais de abundância. O praticante pode consultar mapas astrológicos para identificar períodos favoráveis e, durante esses trânsitos, realizar seus rituais com foco na expansão financeira e pessoal.

No contexto astrológico, também é possível incorporar práticas relacionadas aos signos de terra (Touro, Virgem e Capricórnio), que estão intimamente ligados à prosperidade e estabilidade material. Criar um altar ou realizar rituais durante o trânsito da lua ou do sol nesses signos pode amplificar a energia de crescimento e segurança. Durante esses períodos, pode-se usar cristais como malaquita e esmeralda, que estão associados à prosperidade e à conexão com a terra.

Finalmente, cânticos e orações específicas também podem ser integrados ao ritual de abundância. O som tem o poder de alterar frequências energéticas e elevar o campo vibracional, tornando o praticante mais receptivo à energia da prosperidade. Cânticos como "Gayatri Mantra", além dos mantras específicos para deidades, podem ser entoados para abrir os canais de abundância. O som é uma forma poderosa de manifestar intenções, e ao vocalizar essas palavras sagradas, o praticante amplifica a vibração da prosperidade ao seu redor.

Os rituais de abundância, quando realizados com intenção clara e em harmonia com os ciclos naturais e espirituais, criam um campo energético forte e favorável para que a prosperidade se manifeste de forma fluida e contínua. A integração de elementos como as fases da lua, invocações de deidades e a influência dos planetas fortalece essa conexão, permitindo que o praticante não só atraia riqueza material, mas também cresça espiritualmente, emocionalmente e energeticamente ao longo do novo ciclo.

Capítulo 11
Rituais de Cura Emocional

Os rituais de cura emocional são fundamentais para aqueles que desejam iniciar o ano com equilíbrio interno, liberando mágoas e traumas que foram acumulados ao longo do ciclo anterior. Este capítulo introduz práticas focadas em restaurar a harmonia emocional, utilizando elementos naturais e técnicas espirituais para limpar feridas emocionais e criar um espaço de renovação. A cura emocional é essencial para que o praticante esteja aberto às novas oportunidades que o ano trará, sem ser sobrecarregado por ressentimentos ou bloqueios do passado.

Uma das práticas mais poderosas para iniciar o processo de cura emocional é o uso de banhos rituais, particularmente aqueles preparados com ervas sagradas e águas purificadoras. As águas têm sido vistas como um símbolo de cura e renovação em várias culturas, representando o fluxo das emoções e a capacidade de limpar aquilo que não nos serve mais. Para realizar um banho de cura emocional, o praticante pode preparar uma infusão de ervas como lavanda, alecrim e camomila, que são conhecidas por suas propriedades calmantes e restauradoras. Durante o banho, é importante que o praticante se concentre em liberar as emoções estagnadas, visualizando a água como um veículo que leva embora todas as mágoas e tensões.

Enquanto se banha, o praticante pode recitar afirmações de cura, como "Eu libero toda dor e tristeza do passado" ou "Eu me abro para a cura profunda e o equilíbrio emocional". Essas afirmações, repetidas com intenção clara, têm o poder de reprogramar a mente, abrindo espaço para uma cura genuína. O ato de enxaguar o corpo simboliza a libertação dessas energias, e o praticante pode visualizar sua aura sendo purificada e renovada à medida que a água toca sua pele.

Outro ritual de cura emocional eficaz envolve o uso de cristais. O quartzo rosa, conhecido como o cristal do amor incondicional, é um aliado poderoso para trabalhar traumas e mágoas acumuladas no coração. Segurar um quartzo rosa durante uma meditação guiada de cura é uma prática simples e eficaz. O praticante pode colocar o cristal sobre o coração enquanto medita, concentrando-se em sua respiração e permitindo que o poder curativo do cristal penetre nas camadas emocionais mais profundas. Durante essa prática, é comum que emoções reprimidas venham à tona, e é importante que o praticante permita que esses sentimentos sejam expressos sem julgamentos, entendendo que eles fazem parte do processo de cura.

A respiração também desempenha um papel vital nos rituais de cura emocional. Técnicas simples de respiração profunda ajudam a liberar tensões emocionais e bloqueios energéticos que possam estar alojados no corpo. O praticante pode, por exemplo, realizar a técnica de respiração de liberação, inspirando profundamente pelo nariz e, ao expirar pela boca, visualizando as emoções negativas sendo expelidas do corpo. Esse processo pode ser repetido várias vezes, até que o praticante sinta uma sensação de leveza e clareza emocional.

Um ritual mais profundo envolve o uso de águas sagradas, como a água de uma fonte natural, que simboliza pureza e renovação. O praticante pode realizar uma jornada até um rio ou fonte sagrada, onde a água corre continuamente, simbolizando a cura e a renovação emocional. Durante o ritual, ele pode mergulhar as mãos ou os pés na água, enquanto mentaliza as emoções pesadas sendo levadas pela correnteza. Essa prática é particularmente poderosa quando feita ao ar livre, em um ambiente natural, onde a conexão com os elementos amplifica a sensação de libertação e restauração.

Além dos elementos físicos, a escrita também pode ser uma ferramenta valiosa para a cura emocional. Um ritual comum envolve escrever uma carta para si mesmo ou para uma pessoa com quem o praticante tenha questões não resolvidas. Nessa carta, o praticante expressa todas as emoções reprimidas, sem censura. O ato de colocar os sentimentos no papel ajuda a processar e liberar as emoções de maneira saudável. Após escrever a carta, o praticante pode escolher queimá-la em uma chama, simbolizando a transmutação dessas emoções, ou enterrá-la, entregando-a à terra como forma de encerramento de um ciclo emocional.

A meditação guiada é outro componente essencial nos rituais de cura emocional. Visualizações guiadas que se concentram na cura interna permitem que o praticante acesse as camadas mais profundas de suas emoções, onde muitas vezes traumas e dores estão enraizados. Uma prática poderosa é a visualização de uma luz dourada que envolve o corpo, concentrando-se no centro do peito, onde o chakra do coração está localizado. Durante a meditação, o praticante visualiza essa luz dourada crescendo e irradiando-se para todo o corpo, dissolvendo qualquer bloqueio emocional que esteja presente. A luz pode ser vista como um remédio energético que limpa, cura e restaura o equilíbrio emocional.

O uso de incensos e defumações também pode ser incorporado nesse processo. Ervas como sálvia e palo santo são amplamente utilizadas para limpeza energética e emocional. O praticante pode acender essas ervas e permitir que a fumaça envolva seu corpo, especialmente ao redor do chakra do coração, enquanto recita orações ou mantras que evocam cura e liberação. A fumaça age como um purificador espiritual, limpando o campo áurico e dissolvendo quaisquer energias emocionais densas que estejam bloqueando o fluxo natural de bem-estar emocional.

Para finalizar, um ato simbólico de encerramento do ritual de cura emocional pode ser realizado com um pequeno gesto de autocuidado. Beber uma infusão de ervas calmantes, como camomila ou hortelã, após o ritual, é uma maneira de selar o processo de cura com suavidade e compaixão por si mesmo. Essa prática de autocuidado reforça a mensagem de que o praticante está cuidando não apenas de seu corpo físico, mas também de suas emoções e espírito, criando um espaço interno seguro e equilibrado para iniciar o novo ciclo.

Esses rituais de cura emocional, embora simples, têm um impacto profundo na maneira como o praticante se relaciona com suas emoções e o passado. Eles ajudam a criar uma base sólida de equilíbrio emocional, permitindo que o praticante entre no novo ano com uma sensação de clareza, paz e prontidão para viver o ciclo com plenitude, livre das cargas emocionais que o impediam de avançar.

A cura emocional é um processo profundo e, muitas vezes, contínuo. A primeira parte deste ciclo de rituais introduziu práticas essenciais para purificar as emoções e criar espaço para renovação. Agora, nesta segunda parte, os rituais se tornam mais intensos e focados em técnicas avançadas, que não só promovem a libertação de traumas, mas também transformam as emoções negativas em forças renovadoras. Este capítulo explora o uso de cristais, visualizações guiadas e rituais ancestrais, como o fogo, para curar feridas emocionais e restaurar o equilíbrio interno.

Uma das técnicas mais poderosas e frequentemente utilizada em processos avançados de cura emocional é a visualização guiada de cura. Este tipo de meditação vai além da simples concentração na respiração ou em uma luz curativa. Aqui, o praticante se conecta diretamente com suas emoções mais profundas, permitindo que memórias e sentimentos antigos venham à tona para serem reconhecidos, processados e liberados. Durante a visualização, o praticante pode imaginar-se em um local seguro e sagrado — uma praia tranquila, uma floresta serena, ou um campo aberto — onde ele é envolvido por uma luz curadora, que se infiltra lentamente em cada parte de seu corpo e mente. A chave neste processo é a aceitação das emoções que emergem, sem julgamento, permitindo que elas sejam transformadas em energia curativa.

Enquanto realiza essa visualização, o praticante pode se concentrar no uso de cristais curativos, como o quartzo rosa, que é conhecido por sua conexão com o chakra do coração, promovendo o amor incondicional e a cura de feridas emocionais. Outro cristal importante é a ametista, que trabalha diretamente com a transmutação de energias e ajuda a dissolver bloqueios emocionais profundos. Colocar esses cristais sobre o peito ou segurá-los nas mãos durante a meditação intensifica a cura, ancorando a energia emocional na frequência do amor e da paz. Durante a prática, o praticante pode imaginar o quartzo rosa como uma chama rosa suave que envolve o coração, dissipando quaisquer resquícios de dor ou mágoa.

Um dos rituais mais transformadores, especialmente para a cura emocional profunda, é o uso do fogo como ferramenta de liberação. O fogo tem o poder de transformar — aquilo que é queimado simbolicamente deixa de existir na forma em que estava, sendo transmutado em outra energia. O ritual de queima de cartas é um exemplo poderoso de como o fogo pode ser usado para curar. Para este ritual, o praticante escreve cartas para pessoas, situações ou até para si mesmo, expressando mágoas, tristezas, ou traumas que precisam ser liberados. Uma vez que a carta esteja escrita, ela é queimada, simbolizando a transmutação dessas emoções em algo novo e purificado. O ato de observar as chamas consumirem as palavras é profundamente libertador, e o praticante deve manter em mente, durante o processo, a intenção de liberar completamente essas energias, confiando que elas estão sendo transformadas em força e sabedoria.

Outra prática ancestral poderosa é o uso do fogo em cerimônias de transformação emocional. No xamanismo, por exemplo, o fogo é utilizado para queimar não só as emoções, mas também para queimar velhos padrões de comportamento que bloqueiam o crescimento emocional. Uma fogueira pode ser acesa em um ritual ao ar livre, e o praticante, em estado meditativo, pode oferecer objetos simbólicos ao fogo — como pequenos pedaços de papel em que tenha escrito palavras que representem mágoas, ou até objetos que simbolizem um ciclo de dor. À medida que esses objetos são consumidos pelo fogo, o praticante pode invocar forças espirituais para que ajudem a transformar essas energias e trazer cura ao seu coração.

A energia do fogo também pode ser canalizada em práticas menores e mais pessoais, como acender uma única vela. Durante uma meditação, o praticante pode olhar fixamente para a chama da vela, visualizando suas emoções mais dolorosas sendo puxadas para a chama, que lentamente as dissolve. Esse tipo de prática, chamado de meditação da chama, é especialmente útil para quem está lidando com emoções reprimidas que podem parecer avassaladoras. O foco na chama traz calma e ajuda a liberar lentamente essas emoções, sem que elas sobrecarreguem o praticante.

O uso de mantras também é uma ferramenta poderosa nesse processo avançado de cura emocional. Mantras são sons ou palavras que carregam vibrações específicas, e, quando repetidos em voz alta ou internamente, ajudam a sintonizar o praticante com energias de cura e renovação. O mantra "Om Mani Padme Hum", por exemplo, é frequentemente utilizado no budismo tibetano para purificar o coração e a mente, liberando sofrimento e criando espaço para a compaixão e o amor. O praticante pode recitar esse mantra durante a meditação ou ao longo do dia, sempre que sentir a necessidade de realinhar suas emoções e renovar suas forças internas.

Outra ferramenta espiritual que auxilia na cura emocional são os cânticos e orações voltados para a reconciliação interna. Muitos desses cânticos, encontrados em tradições antigas como o hinduísmo e o cristianismo esotérico, invocam deidades ou energias superiores que ajudam o praticante a se reconectar com seu centro emocional, curando feridas profundas. O cântico "Gayatri Mantra", por exemplo, pode ser entoado para trazer clareza e renovação emocional, pois invoca o poder do sol para iluminar a mente e dissipar a escuridão interna. Ao recitar esse tipo de cântico, o praticante deve visualizar suas emoções mais densas se desintegrando na luz da renovação espiritual, transformando dor em sabedoria.

Um aspecto importante de qualquer prática de cura emocional é o reconhecimento de que o processo de cura pode ser longo e multifacetado. Ritualizar esses momentos oferece ao praticante uma estrutura segura para processar e liberar suas emoções. Os rituais avançados, como o uso do fogo e as meditações guiadas, permitem que o praticante acesse partes profundas de si mesmo que precisam ser curadas e transformadas. Eles oferecem uma maneira tangível de lidar com as emoções, em vez de suprimi-las ou ignorá-las, e criam espaço para que novas energias de equilíbrio e amor possam florescer.

No final de um ritual de cura emocional, é importante que o praticante tenha um momento de autocuidado e acolhimento. Após tanto trabalho interno, o corpo e a mente podem estar exaustos. Pequenos atos de carinho, como tomar um chá calmante, fazer uma caminhada na natureza ou ouvir música relaxante, ajudam a integrar as energias de cura. O praticante deve também honrar o tempo e o esforço que dedicou ao processo, reconhecendo que a cura emocional é um trabalho contínuo e que, a cada passo, ele se aproxima de um estado de maior equilíbrio e harmonia interna.

Com essas práticas avançadas, o praticante não apenas cura suas feridas emocionais, mas também transforma essas experiências dolorosas em forças renovadoras. O coração, uma vez sobrecarregado por traumas, começa a se abrir novamente, pronto para o amor, a alegria e a prosperidade que o novo ciclo pode trazer.

Capítulo 12
Rituais de Fortalecimento Espiritual

O fortalecimento espiritual é uma prática essencial para se conectar com as dimensões mais profundas da existência. O novo ciclo que se inicia após a passagem de ano oferece uma oportunidade única para renovar essa conexão, fortalecendo a fé, a intuição e o alinhamento com energias superiores. Este capítulo explora rituais simples, mas poderosos, que ajudam o praticante a estabelecer uma base espiritual sólida para o ano, invocando guias espirituais, criando altares sagrados e utilizando práticas meditativas que reforçam a conexão com o divino.

Um dos rituais mais acessíveis e efetivos para fortalecer a espiritualidade é o uso de velas e mantras. Acender uma vela como parte de um ritual diário ou semanal é uma prática simples que pode criar um ponto de conexão entre o praticante e o mundo espiritual. A chama da vela representa a luz da consciência divina, a iluminação espiritual que guia o praticante através das escuridões e incertezas da vida. Durante esse ritual, o praticante pode escolher uma cor de vela que ressoe com suas intenções espirituais — por exemplo, velas brancas para paz e purificação, ou velas roxas para elevação espiritual e proteção.

Ao acender a vela, é importante que o praticante faça uma breve meditação, focando na chama e permitindo que sua mente se acalme. Este é o momento para recitar mantras sagrados ou orações que elevem a vibração do ritual. Um mantra tradicionalmente usado para fortalecimento espiritual é o "Om", considerado o som primordial do universo. Repetir o "Om" de forma cadenciada, em conjunto com a meditação na chama, ajuda a abrir os canais de conexão com o divino, criando um campo de energia elevada ao redor do praticante. O som do "Om" reverbera tanto internamente quanto externamente, amplificando a sensação de presença espiritual e de integração com o cosmos.

Outra prática simples, mas poderosa, para reforçar a espiritualidade é a criação de um altar sagrado. Este altar, que pode ser montado em qualquer parte tranquila da casa, serve como um ponto focal para as intenções espirituais do praticante. No altar, podem ser colocados objetos simbólicos que ressoam com a espiritualidade pessoal, como imagens de deidades, cristais, velas, incensos e elementos da natureza, como flores ou pedras. A presença física desses elementos ajuda a ancorar o praticante em suas práticas espirituais, lembrando-o de sua intenção de fortalecimento e crescimento interior.

O altar também pode servir como um espaço para oferendas diárias. Oferecer flores, frutas ou pequenas porções de comida aos guias espirituais ou deidades é uma prática antiga, encontrada em várias tradições espirituais. Ao fazer essas oferendas, o praticante demonstra gratidão e respeito, convidando as energias espirituais a permanecerem presentes e a orientá-lo ao longo do ciclo que se inicia. A cada vez que o praticante se senta diante do altar para meditar ou fazer uma oração, ele reforça sua conexão com o sagrado, criando um campo vibracional protetor e nutridor.

Além de altares e velas, a meditação é um componente vital no fortalecimento espiritual. A prática da meditação silenciosa, conhecida em muitas tradições como o "caminho do silêncio", permite que o praticante ouça a voz de sua alma e as mensagens de seus guias espirituais. Para aqueles que estão apenas começando, meditar por cinco a dez minutos diariamente pode trazer benefícios profundos. O praticante deve se sentar em uma posição confortável, fechar os olhos e concentrar-se em sua respiração. Conforme a mente se acalma, o foco pode ser transferido para o coração, onde a conexão espiritual é sentida de maneira mais profunda.

Durante a meditação, o praticante pode visualizar uma luz brilhante, geralmente dourada ou branca, que desce do céu e entra em seu corpo através do topo da cabeça. Essa luz representa a energia espiritual universal, que preenche todo o corpo, mente e espírito do praticante, fortalecendo-o de dentro para fora. Essa prática é chamada de "meditação da luz" e é particularmente eficaz para quem busca reforçar sua ligação com o divino e encontrar clareza espiritual.

A invocação de guias espirituais é outro aspecto importante do fortalecimento espiritual. Guias espirituais, sejam eles ancestrais, anjos ou outras entidades de luz, estão sempre presentes para ajudar e orientar. O praticante pode fazer uma invocação simples antes de meditar, pedindo que seus guias espirituais se aproximem, trazendo proteção, sabedoria e orientação para o novo ciclo. Essa invocação pode ser feita através de uma oração, como "Eu invoco meus guias espirituais e peço que estejam comigo neste momento, para me proteger, me guiar e fortalecer minha fé e meu caminho espiritual."

A presença desses guias pode ser sentida de várias maneiras — uma sensação de paz, um calor no coração, ou até visões e insights que surgem durante a meditação. Com o tempo e a prática regular, o praticante se torna mais receptivo à comunicação com seus guias, recebendo mensagens através de sonhos, sinais ou intuições. Essa interação cria uma relação de confiança, onde o praticante sabe que, independentemente dos desafios que o ano possa trazer, ele nunca estará sozinho.

Finalmente, uma prática que complementa todos os rituais descritos é o uso de orações de gratidão. A gratidão é uma das formas mais elevadas de conexão espiritual, pois reconhece que todas as bênçãos, desafios e experiências da vida são oportunidades de crescimento e aprendizado. O praticante pode reservar um momento diário para expressar gratidão por tudo o que já possui, pelas lições aprendidas e pelas bênçãos que ainda virão. Essa atitude de gratidão eleva a vibração espiritual e atrai mais energia positiva para sua vida.

Esses rituais, quando praticados regularmente, estabelecem uma base sólida para o fortalecimento espiritual. Eles permitem que o praticante não apenas se conecte com o divino, mas também se alimente espiritualmente, criando um campo de proteção e orientação que o acompanhará ao longo de todo o novo ciclo. Fortalecer a espiritualidade é fortalecer a própria essência, criando uma vida alinhada com o propósito, a paz interior e a conexão com as energias superiores que guiam o universo.

A segunda parte do fortalecimento espiritual aprofunda as práticas discutidas anteriormente, oferecendo rituais mais complexos que visam intensificar a conexão com o divino e fortalecer a fé interior. Esses rituais vão além da meditação e invocações diárias, introduzindo elementos como jornadas xamânicas, o uso de instrumentos sagrados, e práticas de conexão com ancestrais. Cada uma dessas técnicas oferece um caminho mais profundo para elevar a vibração espiritual, permitindo ao praticante acessar níveis mais elevados de consciência e sabedoria espiritual.

Uma prática particularmente poderosa para quem deseja expandir suas capacidades espirituais é a jornada xamânica. Essa técnica, usada em tradições ancestrais, permite ao praticante viajar para o mundo espiritual em busca de respostas, cura e orientação. A jornada xamânica começa com o uso de batidas rítmicas de tambor, que induzem um estado alterado de consciência. O tambor, considerado o "cavalo" que leva o praticante ao mundo espiritual, deve ser tocado em um ritmo constante e repetitivo, criando uma ponte entre o mundo físico e o mundo espiritual. Esse som rítmico acalma a mente e permite que o praticante se solte das amarras da realidade cotidiana, acessando realidades mais sutis e invisíveis.

Durante a jornada xamânica, o praticante pode buscar se encontrar com guias espirituais, animais de poder ou ancestrais, que o guiarão e lhe oferecerão sabedoria para o novo ciclo. Para realizar essa prática, é essencial estar em um ambiente seguro, onde o praticante possa se deitar ou sentar confortavelmente. Com os olhos fechados, o praticante se concentra no som do tambor e na intenção de sua jornada — seja para encontrar cura, proteção, ou orientação. Em um estado de profunda meditação, ele pode se visualizar entrando em uma caverna ou atravessando um portal que o leva ao mundo espiritual. Lá, o praticante pode se conectar com espíritos benevolentes, que o auxiliam a entender questões profundas de sua vida e a fortalecer sua conexão com o sagrado.

Outro elemento transformador no fortalecimento espiritual é o uso de instrumentos sagrados, como tambores, sinos, ou tigelas de cristal. O som é uma poderosa ferramenta de elevação espiritual, pois ressoa diretamente com as vibrações do corpo e da alma. O tambor, já mencionado, não apenas induz a jornada espiritual, mas também pode ser usado para purificar o ambiente e o campo energético do praticante. Batidas suaves no tambor ao redor do corpo criam uma vibração de cura, desintegrando energias estagnadas e protegendo o praticante contra influências externas negativas.

As tigelas de cristal, por outro lado, emitem sons mais sutis e elevados, que reverberam nos chakras e nos corpos sutis. Cada tigela é afinada para ressoar com um chakra específico, e, ao tocar a tigela, o praticante pode harmonizar e alinhar suas energias internas. O som cristalino traz uma sensação de paz profunda, limpando bloqueios emocionais e espirituais. Durante uma meditação ou ritual, o praticante pode tocar a tigela suavemente e concentrar-se em absorver a vibração de cura, visualizando cada chakra se equilibrando e irradiando luz pura.

A conexão com os ancestrais é outra prática essencial para quem deseja fortalecer suas raízes espirituais. Os ancestrais representam a sabedoria acumulada de gerações passadas, e manter uma relação espiritual com eles ajuda o praticante a acessar essa sabedoria e receber proteção e orientação. Um ritual comum de conexão ancestral envolve a criação de um altar dedicado aos antepassados. O praticante pode colocar fotografias, objetos simbólicos ou itens que pertenceram aos ancestrais, como joias ou pertences especiais. O altar também pode conter velas, incensos e oferendas de alimentos ou bebidas que eram apreciados pelos ancestrais.

Ao sentar-se diante desse altar, o praticante pode invocar a presença de seus ancestrais, pedindo sua sabedoria e proteção. A relação espiritual com os ancestrais é de respeito e reverência, e o praticante deve expressar gratidão por suas raízes e pelas bênçãos transmitidas ao longo das gerações. Esse ritual não só reforça a ligação com o passado, mas também ancorará o praticante em um sentido de continuidade e pertencimento, fortalecendo sua identidade espiritual.

Além dos rituais com instrumentos e ancestrais, a prática de meditações profundas é outro caminho para quem deseja alcançar níveis elevados de conexão espiritual. A meditação transcendental, por exemplo, é uma técnica que permite ao praticante transcender os pensamentos cotidianos e acessar um estado de pura consciência. Durante essa prática, o praticante se senta em silêncio, repetindo um mantra específico que foi atribuído para essa finalidade. O mantra, repetido suavemente, serve como um ponto de foco que leva a mente a um estado de quietude, onde o praticante experimenta a presença pura do ser, livre de distrações e apegos. Essa experiência de transcendência é profundamente restauradora e fortalece a espiritualidade de forma duradoura, pois permite que o praticante se reconecte com sua verdadeira essência espiritual.

Outras práticas de meditação, como a meditação de visualização guiada, podem ser usadas para se conectar com reinos espirituais mais elevados. Nessa prática, o praticante se imagina subindo uma escada ou uma montanha, simbolizando sua jornada espiritual em direção a planos superiores de existência. Ao alcançar o topo, ele visualiza uma luz brilhante ou um templo sagrado, onde encontra seres de luz ou deidades que o envolvem em energia de cura e sabedoria. Esse tipo de visualização não só eleva o praticante espiritualmente, mas também traz clareza sobre questões importantes em sua vida, ajudando-o a tomar decisões alinhadas com seu propósito divino.

Por fim, o uso de orações e cânticos continua sendo uma ferramenta poderosa de fortalecimento espiritual. Cânticos sagrados, como o "Gayatri Mantra" ou o "Om Namah Shivaya", quando entoados repetidamente, criam uma atmosfera de elevada vibração, protegendo e iluminando o campo espiritual do praticante. O som desses mantras ativa energias superiores que purificam o coração e a mente, preparando o praticante para uma conexão mais íntima com o divino.

    Esses rituais avançados de fortalecimento espiritual vão além das práticas diárias e permitem ao praticante alcançar estados profundos de conexão com o sagrado. Eles oferecem uma experiência espiritual transformadora, que fortalece a alma, equilibra o corpo energético e proporciona clareza mental. Ao integrar esses rituais no cotidiano, o praticante não apenas fortalece sua fé, mas também se prepara para enfrentar os desafios do novo ciclo com serenidade, confiança e uma sensação inabalável de estar em sintonia com o universo.

Capítulo 13
Integração de Símbolos Astrológicos

A astrologia, uma das práticas esotéricas mais antigas da humanidade, encontra sua importância no contexto dos rituais de passagem de ano. A influência dos astros e planetas nos ciclos da vida humana tem sido estudada e aplicada em diversas culturas, e a integração de símbolos astrológicos em rituais pode amplificar a energia e a intenção do praticante. Este capítulo explora como a astrologia pode ser usada para potencializar os rituais de renovação e como os movimentos celestes podem guiar o planejamento de intenções e práticas para o novo ciclo.

No momento da virada do ano, a posição dos planetas e dos astros exerce uma forte influência sobre as energias que nos cercam. A primeira etapa na integração desses símbolos nos rituais de passagem é a compreensão da configuração astrológica do céu no início do novo ciclo. Identificar a posição do Sol, da Lua e dos planetas principais, como Júpiter, Saturno, Vênus e Marte, oferece uma orientação precisa sobre quais áreas da vida estarão mais em foco e como canalizar essas energias em rituais específicos.

Uma prática inicial sugerida neste processo é criar um "mapa astrológico do ritual", observando as energias predominantes no momento da virada. Se o Sol estiver em Capricórnio, por exemplo, a energia será voltada para metas de longo prazo, disciplina e estrutura. Neste caso, o ritual pode focar em intenções relacionadas ao trabalho, carreira e estabilidade financeira. Se a Lua estiver em um signo de água, como Câncer ou Escorpião, as práticas de cura emocional e proteção serão fortalecidas. A posição da Lua, em particular, é essencial, pois ela governa nossas emoções e o inconsciente. A cada fase lunar, diferentes energias se manifestam, e sincronizar o ritual com a fase da Lua amplifica suas intenções.

A Lua nova, por exemplo, representa um momento perfeito para rituais de novos começos. Ela carrega a energia da renovação e oferece um solo fértil para plantar novas intenções para o ano. A prática de manifestar desejos durante a Lua nova envolve escrever intenções ou metas em um pedaço de papel, visualizando-as se concretizando ao longo do novo ciclo. Este papel pode ser guardado no altar, onde o praticante pode revê-lo e reforçar suas intenções a cada ciclo lunar subsequente. Incorporar símbolos lunares no altar, como pedras de lua ou espelhos, reforça ainda mais a conexão com a energia desse astro.

Por outro lado, a Lua cheia traz a culminação de ciclos e é um momento ideal para a liberação de energias estagnadas. Rituais realizados durante a Lua cheia podem incluir práticas de purificação e limpeza, como queimar ervas ou incensos, com o objetivo de liberar o que não serve mais e abrir espaço para novas energias. A energia da Lua cheia é amplificada, e tudo o que é trabalhado nesse período tem um impacto profundo nas emoções e no campo espiritual do praticante. É um momento de conclusão, onde se pode refletir sobre as intenções plantadas na Lua nova e perceber os resultados manifestados.

Além da Lua, a posição dos planetas regentes também tem uma influência significativa nos rituais de passagem de ano. Júpiter, o planeta da expansão e da abundância, é particularmente relevante quando se trata de rituais voltados para a prosperidade e o crescimento pessoal. Se Júpiter estiver em um signo favorável, como Sagitário ou Peixes, o praticante pode aproveitar sua energia para intensificar rituais de abundância, utilizando símbolos associados ao planeta, como a cor azul, amuletos de sorte e visualizações de expansão. Oferecer frutas, grãos e sementes durante o ritual simboliza a prosperidade que se deseja atrair.

Outro planeta importante a ser considerado é Saturno, que rege a disciplina, o carma e as lições de vida. Quando Saturno tem uma presença forte no céu, rituais que envolvem compromissos e estruturação de planos a longo prazo são favorecidos. Esses rituais podem incluir a escrita de metas concretas, práticas de autocontrole e meditações voltadas para a resiliência e o foco. A cor preta ou símbolos de cristal de ônix podem ser utilizados no altar para ancorar a energia de Saturno, trazendo a força e a persistência necessárias para enfrentar os desafios do novo ano.

Cada signo astrológico também possui símbolos e energias próprias que podem ser incorporados nos rituais. Um ritual realizado sob a influência de Áries, por exemplo, será enérgico, voltado para novos começos, e pode envolver práticas de fogo, como acender velas ou queimar intenções em papel. Já um ritual realizado sob a influência de Peixes será mais introspectivo e pode incluir práticas de água, como banhos de purificação com ervas ou a colocação de tigelas de água no altar para simbolizar a fluidez emocional e a conexão com o inconsciente.

Ao integrar os símbolos astrológicos, o praticante harmoniza suas intenções pessoais com os movimentos do cosmos, criando uma sinergia entre sua própria energia e as forças universais. A astrologia, nesse sentido, oferece um mapa cósmico que orienta o fluxo natural das energias ao longo do ano, permitindo que o praticante navegue pelos altos e baixos da vida com maior clareza e intuição.

Este capítulo serve como uma introdução ao vasto campo da astrologia e sua integração nos rituais de passagem de ano. Ele mostra como o conhecimento astrológico pode enriquecer as práticas espirituais, ajudando o praticante a alinhar seus rituais com o ritmo dos astros e a sintonizar suas intenções com as energias cósmicas. No próximo capítulo, a exploração dessa integração astrológica será aprofundada com a personalização dos rituais, levando em conta o mapa astral individual de cada praticante e como trabalhar com os signos solares e lunares para maximizar os resultados esperados ao longo do ano.

Na continuidade da integração astrológica nos rituais de passagem de ano, o foco deste capítulo aprofunda a personalização dessas práticas, com base no mapa astral individual de cada praticante. A astrologia oferece uma visão única das energias pessoais que moldam a vida de cada indivíduo, e utilizar esse conhecimento nos rituais de renovação pode ser uma ferramenta poderosa para alinhar o praticante às suas influências cósmicas mais profundas.

O mapa astral de cada pessoa é composto pela posição dos planetas no exato momento do nascimento. Esse mapa revela não só o signo solar, mas também os signos lunares e a posição de outros planetas, como Mercúrio, Vênus, Marte, e como essas energias impactam diferentes áreas da vida. Ao entender esse mapa, o praticante pode criar rituais que se sintonizem com essas energias específicas, potencializando suas intenções e facilitando sua jornada no ano novo.

O primeiro passo na personalização do ritual é trabalhar com o signo solar do praticante. O signo solar representa a essência central do indivíduo, sua identidade e expressão mais profunda. Para cada signo, há correspondências de cores, símbolos e elementos que podem ser incorporados no altar e no ritual. Um praticante de signo de Fogo, como Leão ou Sagitário, pode se beneficiar ao trabalhar com o elemento fogo em seus rituais, acendendo velas ou realizando práticas que envolvam calor e luz. Já um praticante de signo de Terra, como Touro ou Virgem, pode preferir incluir plantas, cristais ou até realizar seu ritual ao ar livre, conectando-se ao solo e à natureza.

Além do signo solar, o signo lunar é igualmente importante, pois governa o mundo emocional e o inconsciente. Enquanto o Sol representa quem somos de forma externa, a Lua revela quem somos por dentro, nossos desejos mais íntimos e nossa forma de reagir emocionalmente ao mundo. Trabalhar com o signo lunar nos rituais de passagem de ano permite que o praticante se conecte a suas emoções mais profundas e use essa energia para cura, renovação e manifestação de suas intenções. Um praticante com Lua em Câncer, por exemplo, pode integrar a água em seus rituais, seja por meio de banhos rituais ou oferendas em tigelas de água, enquanto alguém com Lua em Capricórnio pode focar em rituais de estrutura emocional e resiliência.

Uma prática avançada é realizar rituais que sintonizem com o planeta regente de cada área específica da vida que o praticante deseja melhorar. Por exemplo, se o objetivo do praticante é desenvolver comunicação e expressão, ele pode focar em Mercúrio, planeta regente da comunicação e do intelecto. Durante o ritual, objetos ou símbolos associados a Mercúrio, como a cor verde, incensos de ervas que estimulam a mente, ou até a colocação de penas no altar, podem amplificar essa intenção. A recitação de mantras ou afirmações voltadas para a clareza mental e a expressão também ajuda a ancorar o poder de Mercúrio no ritual.

Para quem busca trabalhar o amor e relacionamentos no próximo ciclo, Vênus, o planeta do amor e da harmonia, desempenha um papel central. Se Vênus está em um signo favorável no mapa astral do praticante ou em uma posição forte no céu durante a passagem de ano, rituais de prosperidade nos relacionamentos podem ser reforçados. Velas cor-de-rosa, cristais como o quartzo rosa ou ametista, e flores frescas, como rosas ou jasmim, podem ser incorporadas ao ritual. O praticante pode também focar em visualizações e meditações que envolvam gratidão e abertura para o amor, sejam para atrair novos relacionamentos ou fortalecer os existentes.

Quando o foco está na carreira e na realização pessoal, Saturno é o planeta que deve ser evocado. Saturno, que rege a responsabilidade, a disciplina e o carma, é ideal para quem deseja estruturar metas e compromissos para o novo ano. Se Saturno estiver em uma posição desafiadora no mapa do praticante, o ritual pode incluir práticas que ajudem a fortalecer a perseverança e a resiliência. Trabalhar com cristais de ônix ou hematita, que trazem equilíbrio e proteção, pode ajudar, assim como rituais que envolvem a escrita de planos detalhados ou compromissos com o desenvolvimento pessoal.

Os ciclos lunares também desempenham um papel importante na personalização dos rituais. A Lua passa por diferentes fases ao longo do mês, e cada uma delas traz uma energia distinta que pode ser aproveitada nos rituais de passagem de ano. A Lua nova é ideal para plantio de novas intenções e começo de ciclos, enquanto a Lua cheia é propícia para concluir e celebrar realizações. Cada fase lunar pode ser sincronizada com diferentes práticas e desejos pessoais. Se o praticante deseja manifestar algo que exija crescimento gradual, pode começar o ritual na Lua nova e continuar reforçando suas intenções à medida que a Lua cresce.

Trabalhar com eclipses também pode trazer uma carga energética muito forte aos rituais. Os eclipses, sejam solares ou lunares, representam momentos de grandes transformações, onde antigos padrões são desfeitos e novas oportunidades surgem. Um ritual realizado durante um eclipse pode ajudar o praticante a se livrar de bloqueios emocionais ou energéticos que estão impedindo seu crescimento. O eclipse lunar, por exemplo, é um momento de liberação emocional profunda, enquanto o eclipse solar representa a superação de padrões de comportamento que já não servem mais.

A integração dos planetas regentes, fases lunares e signos pessoais permite que o praticante crie rituais altamente personalizados, sintonizados com as forças cósmicas que moldam seu mapa astral e a energia disponível no céu. Essa personalização amplifica o poder do ritual, pois permite que o praticante não apenas trabalhe com intenções universais de renovação, mas também com suas necessidades e desafios pessoais. Ao alinhar-se com as forças astrológicas, o praticante não apenas potencializa suas intenções, mas também se move em harmonia com o ritmo natural do cosmos.

Ao final, o praticante sai fortalecido, com uma conexão mais profunda com seu próprio mapa astrológico e uma maior compreensão de como as energias cósmicas influenciam sua jornada. Essas práticas não só amplificam o poder do ritual de passagem de ano, mas também criam uma estrutura para o crescimento contínuo ao longo do ciclo que se inicia.

Capítulo 14
Uso de Música e Mantras nos Rituais

A música e os mantras têm um poder único e profundo de transformar a atmosfera espiritual, intensificar as energias do ritual e criar um campo vibracional propício à manifestação de intenções. A combinação desses dois elementos serve como uma ponte entre o mundo material e o espiritual, permitindo ao praticante acessar estados elevados de consciência e canalizar suas intenções de maneira mais poderosa.

A escolha de músicas adequadas para os rituais de passagem de ano é essencial, pois cada som carrega uma vibração específica que pode influenciar a energia do ambiente e do praticante. Músicas com ritmos suaves, como cânticos meditativos, sons da natureza ou instrumentos tradicionais, são frequentemente utilizados para criar uma atmosfera de calma e introspecção. Esses sons facilitam a conexão com as energias superiores e permitem que o praticante se concentre profundamente em suas intenções. Instrumentos como o tambor xamânico, sinos tibetanos e tigelas de cristal também são muito eficazes em rituais, pois produzem ressonâncias que afetam diretamente o campo energético, limpando e equilibrando as vibrações ao redor.

O tambor, por exemplo, é um instrumento ancestral presente em diversas culturas xamânicas e é conhecido por sua capacidade de induzir estados de meditação profunda e conexão espiritual. Durante o ritual, o som rítmico e repetitivo do tambor ajuda a mente a entrar em um estado alterado de consciência, facilitando a jornada espiritual ou visualizações necessárias para manifestar as intenções. O ritmo das batidas pode ser ajustado conforme o objetivo do ritual — batidas mais rápidas para intensificar a energia, ou batidas lentas e suaves para promover cura e introspecção.

As tigelas de cristal e os sinos tibetanos, por outro lado, são instrumentos de cura sonora, frequentemente utilizados para alinhar os chakras e purificar o ambiente. O som dessas tigelas ressoa profundamente nos corpos sutis, dissipando bloqueios energéticos e promovendo um estado de harmonia interna. Nos rituais de passagem de ano, o praticante pode tocar a tigela suavemente antes de iniciar suas orações ou meditações, deixando que a vibração do som limpe o espaço e amplifique a intenção que será trabalhada.

Além da música, os mantras são um componente essencial nos rituais, especialmente por seu poder de concentrar e direcionar a energia. O mantra é uma palavra ou frase sagrada repetida inúmeras vezes, que carrega uma vibração específica capaz de alterar o estado mental e espiritual do praticante. Mantras antigos, como o "Om", o som primordial do universo, são frequentemente utilizados para criar um campo de energia universal e alinhar o praticante com a vibração cósmica.

O "Om" é considerado a vibração original, e sua repetição durante os rituais cria um estado de unidade com o cosmos. No contexto dos rituais de passagem de ano, esse mantra é perfeito para começar o ritual, pois traz o praticante para o presente momento, limpa o ambiente e conecta todos os participantes à fonte universal de energia. Outros mantras como "Om Namah Shivaya", que evoca a energia de Shiva, o transformador, são especialmente úteis quando o objetivo do ritual é deixar para trás velhos padrões e abrir espaço para a renovação.

Cada mantra possui uma qualidade vibracional única, que pode ser escolhida de acordo com a intenção do praticante. Mantras de cura, como o "Ra Ma Da Sa" do Kundalini Yoga, podem ser repetidos durante rituais de renovação para promover cura física e emocional, restaurando o equilíbrio do corpo e da mente antes de iniciar o novo ciclo. Mantras de prosperidade, como o "Om Shreem Maha Lakshmiyei Namaha", invocam a deusa Lakshmi, trazendo abundância e prosperidade espiritual e material para o novo ano.

Além de entoar mantras, o praticante pode também optar por tocar gravações de cânticos tradicionais durante o ritual, criando uma atmosfera de devoção e serenidade. Cânticos védicos, cânticos tibetanos ou músicas devocionais de diversas tradições espirituais são excelentes opções, pois suas melodias elevam a vibração do espaço e auxiliam o praticante a sintonizar com energias divinas. O ato de cantar ou recitar mantras em uníssono com outros participantes também fortalece o campo energético do grupo, criando uma experiência de coesão espiritual e comunhão.

O uso da voz, seja por meio de cânticos ou entonação de mantras, também é uma forma poderosa de abrir os canais de comunicação espiritual. A vibração gerada pelo som da própria voz ressoa no corpo físico e sutil, ativando centros energéticos e criando um campo magnético ao redor do praticante. Durante os rituais, o som da voz humana, especialmente quando repetido em forma de mantra, gera um campo de ressonância que conecta o praticante com planos mais elevados de consciência.

Além dos mantras tradicionais, o praticante pode também criar mantras personalizados, baseados em suas próprias intenções. Esses mantras, criados em linguagem simples e pessoal, podem ser entoados durante o ritual para fortalecer uma intenção específica, como "Eu sou abundância" ou "Eu me liberto de energias passadas". A repetição dessas afirmações cria um campo energético que fortalece o compromisso do praticante com suas metas e desejos.

Outra forma de trabalhar com a música nos rituais é a dança. Movimentos circulares, como os utilizados em danças tradicionais, podem ajudar a canalizar a energia gerada pelo som e pelo mantra. Em muitas tradições espirituais, a dança não é apenas uma forma de expressão, mas também uma ferramenta de manifestação, onde o praticante utiliza seu corpo como um veículo de energia para materializar suas intenções. Girar em torno do altar ou criar um movimento rítmico ao som dos mantras é uma forma de amplificar e liberar energia, ancorando as intenções no plano físico.

A escolha cuidadosa de músicas e mantras adequados, combinada com a intenção clara do ritual, cria uma base vibracional que favorece a manifestação das intenções para o novo ciclo. Ao incorporar esses elementos, o praticante transforma o ritual em uma experiência sensorial completa, onde o som e a vibração não apenas guiam a mente e o espírito, mas também harmonizam o corpo, tornando o processo de renovação espiritual mais profundo e eficaz.

A profundidade e o poder da música e dos mantras se expandem ainda mais quando exploramos tradições antigas que utilizam essas práticas sagradas para alcançar estados elevados de espiritualidade e harmonia. A segunda parte deste capítulo investiga como mantras sagrados e músicas tradicionais de diferentes culturas podem ser incorporados de forma ainda mais significativa nos rituais de passagem de ano, permitindo uma conexão profunda com o divino e com as energias de cura e renovação.

A utilização de mantras sagrados de tradições como o hinduísmo, budismo e outras práticas esotéricas antigas traz consigo uma carga vibracional que ultrapassa o simples som. Cada sílaba, cada palavra entoada carrega a força de séculos de prática espiritual, sendo capaz de transformar o estado de consciência do praticante. O mantra "Om Mani Padme Hum", por exemplo, oriundo do budismo tibetano, é associado à compaixão e à purificação de todos os níveis de existência. Repeti-lo durante um ritual de passagem de ano pode ajudar a liberar energias antigas, limpando o coração e a mente para que o praticante possa iniciar o novo ciclo com leveza e clareza.

A prática de entoar mantras em conjunto também intensifica o campo de energia do ritual. A vibração do grupo ecoa em uníssono, criando uma teia de energia que conecta todos os participantes ao fluxo do cosmos. Esse sentimento de unidade transcende o individual, permitindo que as intenções pessoais se fundam com um objetivo coletivo de renovação e transformação. Quando várias vozes se unem para entoar mantras sagrados, o poder da ressonância gerada amplia a experiência, ajudando todos os envolvidos a sintonizar-se com energias superiores e vibrar em harmonia com o universo.

Além dos mantras, a música tradicional de diferentes culturas tem um papel essencial na criação de uma atmosfera sagrada nos rituais. Cânticos devocionais do hinduísmo, como o "Gayatri Mantra", reverenciado por seu poder de invocação da luz e sabedoria espiritual, ou o "Hare Krishna", que traz devoção e entrega, podem ser incorporados nos rituais para abrir portais de conexão com o divino. O ato de cantar esses mantras durante o ritual desperta o espírito, harmoniza a mente e o coração, e permite que o praticante entre em um estado de receptividade às bênçãos do universo.

No hinduísmo, os mantras são utilizados não apenas para purificação, mas também para invocar a presença de deidades específicas. Um exemplo é o mantra "Om Shreem Maha Lakshmiyei Namaha", utilizado para atrair prosperidade e bênçãos da deusa

Lakshmi. Incorporar este mantra em rituais de passagem de ano voltados para a prosperidade e abundância é uma maneira de se alinhar com as energias cósmicas de riqueza e fertilidade espiritual e material. O altar pode ser adornado com símbolos de abundância, como moedas, flores ou frutas, enquanto o mantra é repetido para intensificar essa energia.

No budismo, os sons sagrados e cânticos tibetanos também têm um efeito profundo nos estados de consciência do praticante. Esses cânticos são usados para limpar as energias mentais, emocionais e físicas, preparando o corpo e a mente para a prática espiritual mais elevada. Tais mantras podem ser recitados em voz alta ou internamente, e o ritmo lento e meditativo dos cânticos tibetanos auxilia o praticante a se desconectar do fluxo constante de pensamentos, permitindo que sua energia se realinhe com o propósito do ritual.

Os sons de cura são outro aspecto importante da música nos rituais. Cada chakra, ou centro de energia no corpo, ressoa com uma frequência específica, e sons ou mantras podem ser utilizados para curar e equilibrar esses centros energéticos. A prática de cantar ou ouvir sons de cura direcionados para cada chakra é particularmente eficaz em rituais de renovação espiritual, quando o praticante busca alinhar suas energias internas para começar o novo ciclo com equilíbrio e harmonia. Sons graves e profundos, como o "Lam", são entoados para o chakra raiz, trazendo estabilidade e ancoramento, enquanto sons mais agudos, como o "Om", são direcionados para o chakra da coroa, promovendo a conexão com o divino.

A prática do canto harmônico é uma forma avançada de entoação de mantras, onde o praticante utiliza sua voz para gerar várias frequências ao mesmo tempo. Esse tipo de canto, praticado por monges tibetanos e em outras tradições espirituais antigas, cria um efeito de ressonância que atua diretamente no campo energético do praticante, purificando e elevando sua vibração. O som harmônico é especialmente poderoso em rituais de cura e purificação, pois penetra nas camadas mais profundas da mente e do corpo, dissolvendo bloqueios energéticos e abrindo espaço para a renovação.

A escolha dos instrumentos musicais também desempenha um papel essencial na experiência ritualística. Além dos tambores e sinos discutidos anteriormente, outros instrumentos sagrados, como flautas nativas, harpas ou violinos, podem ser incorporados para criar diferentes atmosferas espirituais. A flauta, por exemplo, é associada ao elemento ar e pode ser utilizada em rituais voltados para a expansão mental e a clareza espiritual. Seu som etéreo e suave eleva as vibrações, ajudando o praticante a acessar níveis mais elevados de percepção e intuição.

Nas tradições xamânicas, os tambores e chocalhos também são utilizados como pontes entre o mundo físico e o espiritual. O som repetitivo do tambor xamânico imita os batimentos do coração da Mãe Terra, conectando o praticante às forças naturais e espirituais que o cercam. Durante rituais de renovação, o tambor pode ser tocado enquanto o praticante visualiza sua intenção sendo absorvida pela terra, permitindo que velhas energias sejam recicladas e novas energias surjam em seu lugar.

Os ritmos criados pelos instrumentos e os mantras ajudam a guiar o fluxo energético do ritual. À medida que o som reverbera pelo espaço ritualístico, o praticante é envolvido em uma corrente de energia vibrante que potencializa sua conexão com o universo. O movimento físico, seja dançando ou simplesmente balançando ao som da música, completa essa experiência, pois ajuda a liberar o corpo de tensões e a se alinhar com o fluxo de energia criado pelo som.

Ao incorporar música e mantras sagrados em seus rituais de passagem de ano, o praticante cria uma experiência de cura, elevação espiritual e manifestação. A música transforma o ambiente, tornando-o mais propício à introspecção e à conexão com o divino, enquanto os mantras atuam diretamente na mente e no espírito, amplificando as intenções e promovendo a cura em múltiplos níveis. Essas práticas, profundamente enraizadas em tradições espirituais antigas, são uma ponte entre o presente e o transcendente, entre o humano e o divino, e sua utilização pode transformar o ritual em uma verdadeira jornada de renovação e espiritualidade.

Capítulo 15
Cerimônias de Renovação com a Lua e os Astros

As fases da lua sempre desempenharam um papel central nos rituais de renovação e transformação. A Lua, com suas fases cíclicas, reflete a dinâmica da vida — o nascimento, crescimento, plenitude e declínio, para então renascer em um novo ciclo. Os rituais de passagem de ano são momentos ideais para alinhar as intenções pessoais com esses ciclos naturais, aproveitando a energia que cada fase lunar proporciona.

A Lua Nova é, em particular, uma fase poderosa para a renovação. É o início de um novo ciclo lunar, e, portanto, simboliza novos começos, intuições e intenções que começam a germinar. Durante a Lua Nova, o céu noturno se encontra mais escuro, criando um ambiente de introspecção profunda e clareza espiritual. Este é o momento de plantar sementes para o futuro — tanto metaforicamente, em termos de intenções, quanto literalmente, para quem deseja conectar-se à terra em seus rituais.

Uma cerimônia de renovação durante a Lua Nova é especialmente eficaz quando o objetivo é definir novas metas e manifestar novos projetos. O ritual pode começar com um período de silêncio, onde o praticante se conecta com suas aspirações mais profundas, permitindo que a energia da Lua Nova inspire ideias e sonhos que serão trabalhados ao longo do ciclo lunar.

Em seguida, escrever essas intenções em um papel é uma forma poderosa de ancorá-las no mundo físico. O praticante pode colocar esse papel em seu altar ou em um local especial, onde ele possa ser revisitado ao longo do mês lunar.

A Lua Nova também favorece rituais de desapego, ajudando a limpar antigos padrões de comportamento e liberar energias estagnadas que não são mais úteis para o novo ciclo. Uma prática comum durante esse período é acender uma vela branca — símbolo de pureza e novos começos — enquanto o praticante visualiza a luz da vela iluminando seus novos caminhos, dissipando as sombras do passado. O uso de cristais como o quartzo transparente, que amplifica as intenções, pode ser colocado junto à vela, reforçando a clareza mental e a renovação.

Uma tradição poderosa em cerimônias de Lua Nova envolve o plantio literal de sementes, simbolizando o nascimento de novas ideias e aspirações. Durante o ritual, o praticante pode escolher sementes que representam seus desejos — como sementes de girassol para crescimento e vitalidade, ou de ervas como alecrim para proteção e prosperidade — e plantá-las em pequenos vasos. Cuidar dessas plantas ao longo do ciclo lunar torna-se uma metáfora viva do cuidado que é necessário para que as intenções cresçam e floresçam ao longo do tempo.

Além da Lua Nova, as outras fases da lua também desempenham papéis importantes nos rituais de renovação. A Lua Crescente, que segue a Lua Nova, simboliza o crescimento e a expansão. É um período de ação, onde as intenções plantadas durante a Lua Nova começam a ganhar forma. Durante esta fase, rituais focados em cultivar e nutrir esses novos projetos são recomendados. O praticante pode realizar meditações que visualizem seus desejos crescendo e tomando forma, ou realizar ações concretas que os aproximem de suas metas, seja planejando etapas ou tomando decisões práticas.

Durante a Lua Crescente, energias de motivação e perseverança são fortalecidas. Neste período, elementos como o fogo podem ser utilizados nos rituais para aumentar o entusiasmo e a força de vontade. Acender velas vermelhas ou laranja no altar, que simbolizam energia e poder, pode auxiliar na canalização dessas vibrações, infundindo o praticante com a determinação necessária para concretizar suas intenções.

A Lua Cheia, no entanto, representa o ápice do ciclo lunar. É o momento de plenitude, onde a energia está no seu auge, e tudo o que foi iniciado na Lua Nova alcança sua expressão máxima. Nos rituais de passagem de ano, a Lua Cheia é um período de celebração, reconhecimento e gratidão pelas conquistas alcançadas. Esse é o momento ideal para revisar as intenções e observar o progresso feito, celebrando os frutos que essas intenções já começaram a manifestar.

Cerimônias de renovação sob a Lua Cheia frequentemente incluem danças circulares, uma prática ancestral de diferentes culturas que simboliza o ciclo da vida e a conexão com a energia lunar. Dançar ao redor de uma fogueira ou em espaços abertos, em contato direto com a luz da Lua Cheia, amplifica a sensação de expansão e conexão com as forças cósmicas. O som também desempenha um papel essencial nesses rituais, onde tambores, cânticos e mantras podem ser entoados para sintonizar o praticante com a energia da plenitude e da realização.

Durante a Lua Cheia, é também comum realizar rituais de purificação, pois o brilho pleno da lua expõe o que ainda precisa ser liberado. Limpezas com água, seja através de banhos rituais ou oferendas em corpos d'água, são práticas ideais. O uso de cristais como a selenita, que é conhecido por sua capacidade de purificação e conexão espiritual, pode ser incluído nesses rituais. Segurar a selenita enquanto o praticante medita à luz da Lua Cheia pode ajudar a liberar emoções reprimidas e promover um profundo estado de paz e clareza.

A Lua Minguante, que segue a Lua Cheia, traz um período de reflexão e fechamento. Este é o momento de revisar o que não serviu mais ao propósito inicial e liberar o que precisa ser deixado para trás. Rituais de renovação durante a Lua Minguante são voltados para o desapego, corte de laços energéticos e preparação para o próximo ciclo. Queimar papéis com anotações de velhas energias, padrões de comportamento ou medos que precisam ser superados é uma prática comum e eficaz nesta fase. A fumaça que sobe leva com ela essas energias estagnadas, permitindo que o praticante comece o próximo ciclo lunar com mais leveza.

Incorporar os astros em cerimônias de renovação vai além do trabalho com as fases da lua. Observar a posição de planetas importantes, como Júpiter ou Vênus, pode adicionar uma camada extra de significado e poder ao ritual. Júpiter, o planeta da expansão e da sorte, pode ser chamado durante rituais de crescimento e abundância, enquanto Vênus, o planeta do amor e das relações, é ideal para rituais que envolvam harmonia emocional e prosperidade nos relacionamentos. A astrologia, em sinergia com as fases da lua, permite que o praticante se alinhe profundamente com o cosmos, potencializando o processo de renovação pessoal e espiritual.

Essas cerimônias de renovação, especialmente quando realizadas em conexão com as fases da lua e os astros, criam um espaço sagrado onde as intenções são energizadas e manifestadas de acordo com o ritmo natural do universo. O praticante, ao alinhar-se com essas forças cósmicas, encontra não apenas a renovação, mas também uma harmonia espiritual que o guia ao longo do novo ciclo que se inicia.

A continuação das cerimônias de renovação com a Lua e os astros aprofunda-se em práticas mais avançadas, que não só utilizam as fases lunares como também integram eventos astrológicos especiais, tais como eclipses, conjunções planetárias e retrogradações. Esses fenômenos astrais intensificam a energia dos rituais, criando momentos poderosos para renovação e transformação pessoal.

Um dos eventos astrológicos mais potentes para renovação e liberação é o eclipse. O eclipse solar, que ocorre durante uma Lua Nova, oferece uma oportunidade singular para realizar rituais de renascimento. O momento em que a luz do sol é temporariamente obscurecida pela lua simboliza a transição entre o velho e o novo, permitindo que o praticante libere energias profundamente arraigadas e faça um recomeço transformador. Durante um eclipse solar, rituais que envolvem o abandono de hábitos antigos, medos e bloqueios emocionais são especialmente eficazes.

Para realizar uma cerimônia durante um eclipse solar, o praticante pode começar escrevendo intenções ou comportamentos dos quais deseja se libertar. Esses papéis podem ser queimados ao final do eclipse, enquanto se visualiza as antigas energias sendo dissolvidas pela escuridão momentânea, permitindo que a luz do sol que retorna traga um novo ciclo de possibilidades. O uso de cristais de proteção, como a obsidiana, pode amplificar esse processo de desapego e limpeza, ajudando o praticante a enfrentar medos e sombras internas com coragem.

Por outro lado, os eclipses lunares, que acontecem durante a Lua Cheia, são ideais para rituais de conclusão e reflexão. Este fenômeno, no qual a sombra da Terra cobre a lua, intensifica as energias da Lua Cheia, tornando-o um momento perfeito para avaliar o progresso feito ao longo do ciclo lunar. Durante um eclipse lunar, o praticante pode realizar rituais de agradecimento e gratidão pelas lições aprendidas, enquanto também reconhece e libera o que já não serve. Acender velas prateadas ou brancas, que simbolizam a clareza e a intuição, pode ajudar a sintonizar com a energia de conclusão e aceitação.

A retrogradação dos planetas, especialmente de Mercúrio, é outro evento astrológico que oferece oportunidades para reflexão e renovação. Embora comumente visto como um período de desafios em comunicação e tecnologia, Mercúrio retrógrado também é uma excelente fase para revisar o passado, resolver conflitos não resolvidos e reconsiderar planos. Durante essa fase, rituais voltados para o perdão, o fechamento de ciclos antigos e a reavaliação de metas são recomendados. Utilizar plantas como a lavanda, que promove calma e clareza mental, pode auxiliar no processo de introspecção e cura emocional durante Mercúrio retrógrado.

Para incorporar esses fenômenos em uma prática ritualística mais profunda, o praticante pode criar um "mapa astrológico ritualístico", uma representação simbólica do céu no momento do evento astrológico específico. O mapa ajuda a visualizar as influências planetárias e como elas impactam as intenções do praticante. Posicionar cristais, velas ou outros objetos simbólicos em um altar, de acordo com os signos e planetas envolvidos, fortalece a conexão com essas energias celestes. Por exemplo, se Vênus está em destaque durante um eclipse lunar, o praticante pode incluir símbolos de amor e harmonia, como rosas e quartzo rosa, no altar, intensificando rituais de cura emocional ou relacionamentos.

A integração dos astros nos rituais de passagem de ano não se limita apenas a eventos extraordinários. A cada início de ano, planetas e estrelas se alinham de maneiras específicas, influenciando as energias gerais do ciclo que começa. Realizar uma análise astrológica do ano novo pode guiar o praticante na escolha das melhores datas para certos rituais, como definir intenções, plantar novos projetos ou realizar limpezas energéticas profundas. A astrologia anual, especialmente quando analisada em conjunto com o mapa astral pessoal, oferece uma oportunidade de alinhar desejos e ações com as influências cósmicas, maximizando as chances de sucesso e harmonia.

A criação de rituais personalizados baseados no mapa astral pessoal é uma prática avançada, mas extremamente poderosa. O praticante pode realizar rituais específicos para honrar o posicionamento de seus planetas natais, ou mesmo para harmonizar energias desafiadoras reveladas no mapa. Se, por exemplo, Saturno está passando por uma casa natal importante, um ritual que honre a energia de disciplina e trabalho árduo, símbolos de Saturno, pode ser incorporado para maximizar os efeitos transformadores desse trânsito. Isso pode incluir o uso de cores escuras no altar, como preto ou azul escuro, e o emprego de cristais como a ametista, que ajudam na meditação e no foco espiritual.

Além disso, o praticante pode optar por realizar rituais especiais durante as conjunções planetárias — momentos em que dois planetas se encontram no céu, intensificando suas influências. Uma conjunção entre Júpiter e Vênus, por exemplo, pode ser um momento auspicioso para rituais que envolvam expansão e harmonia, combinando o crescimento espiritual e material (representado por Júpiter) com o amor e a beleza (representados por Vênus). Esses momentos são considerados portais energéticos, onde as intenções podem ser manifestadas com mais facilidade, uma vez que as energias dos planetas envolvidos estão trabalhando em sinergia.

Esses alinhamentos celestiais são momentos de grande importância, pois a energia disponível durante esses fenômenos astrológicos pode ser canalizada para manifestar intenções com mais poder e clareza. O praticante, ao seguir esses ciclos, aprende a sincronizar seus rituais com o ritmo natural do cosmos, permitindo que suas intenções fluam em harmonia com as energias universais.

Um aspecto importante da astrologia nos rituais de renovação é trabalhar com a energia dos signos do zodíaco. Cada signo carrega uma energia específica, e entender como os signos lunares e solares influenciam os ciclos astrais ajuda o praticante a direcionar sua intenção com mais precisão. Se a Lua Nova cai em um signo de fogo, como Áries, a energia desse signo pode ser usada para rituais de ação e iniciativa. Da mesma forma, uma Lua Cheia em um signo de terra, como Touro, seria ideal para rituais de estabilidade e crescimento material.

A conclusão dessa prática de integração entre a Lua e os astros amplia a percepção do praticante sobre sua própria jornada de renovação, demonstrando como o microcosmo da vida individual está sempre refletido no macrocosmo do universo. Ao aprender a utilizar esses ciclos e eventos astrológicos em sua prática ritualística, o praticante se torna co-criador de seu destino, alinhando suas intenções pessoais com as poderosas forças que movem os céus e a Terra.

Capítulo 16
Rituais de Gratidão pelo Ano Passado

Gratidão é um dos sentimentos mais transformadores que o ser humano pode experimentar. Nos rituais de passagem de ano, ela assume um papel essencial, pois é através da gratidão que reconhecemos as bênçãos e os aprendizados do ciclo que termina, abrindo espaço para que novas energias se manifestem. O ato de agradecer não apenas eleva a frequência vibracional, mas também nos conecta a uma consciência maior, onde somos capazes de ver o valor até mesmo nos desafios enfrentados. Esta prática de gratidão transforma obstáculos em lições e nos permite entrar no novo ciclo com uma sensação de paz e aceitação.

Os rituais de gratidão pelo ano que passou são uma forma poderosa de reconhecer tanto as conquistas quanto as dificuldades. A chave para esses rituais está na introspecção e na aceitação. Antes de começar o ritual, o praticante deve reservar um momento para refletir sobre o que o ano trouxe — suas alegrias, desafios, perdas e vitórias. Essa reflexão prepara o terreno para um ritual sincero e profundo, onde o reconhecimento do ciclo anterior se torna uma parte essencial da renovação.

Uma prática simples e muito comum nesses rituais é a escrita de uma lista de gratidão. Com um papel e uma caneta, o praticante pode começar anotando tudo pelo qual se sente grato. Essa lista pode incluir tanto as realizações mais evidentes quanto os momentos difíceis que trouxeram crescimento. Enquanto escreve, o praticante sintoniza sua mente com o sentimento de gratidão, permitindo que essa energia flua de maneira natural. Cada palavra escrita se transforma em uma declaração de reconhecimento, e ao final, essa lista se torna uma oferenda simbólica para o universo.

Após escrever a lista de gratidão, o praticante pode realizar uma cerimônia simples em seu altar ou espaço sagrado. Acender uma vela branca, representando a pureza do sentimento de gratidão, ajuda a criar um ambiente de reverência e conexão espiritual. O fogo da vela simboliza a transformação, permitindo que o praticante veja suas experiências passadas como combustível para o crescimento pessoal. O papel com a lista de gratidão pode ser colocado no altar, ou, se o praticante preferir, queimado ao final do ritual, com a intenção de liberar essas energias ao universo, transformando-as em bênçãos para o ciclo que se inicia.

Outra prática poderosa é a meditação guiada em gratidão. O praticante pode sentar-se em um espaço tranquilo e começar a meditar, concentrando-se nas experiências do ano que passou. Visualizar essas memórias uma a uma, enquanto se envolve no sentimento de gratidão por cada uma delas, traz um profundo senso de aceitação. Não apenas pelas coisas boas, mas também por aquilo que foi desafiador. Essa meditação ajuda a mente a focar no lado positivo de todas as situações e, ao final, cria uma atmosfera interna de paz e plenitude.

O uso de símbolos também pode enriquecer os rituais de gratidão. Colocar flores no altar, como lírios ou girassóis, pode simbolizar o florescimento das intenções do ano anterior. Cada flor representa uma bênção ou uma lição, e enquanto o praticante arruma as flores no altar, ele se conecta ao ciclo natural de crescimento e renovação. Além das flores, cristais como citrino ou ametista podem ser usados para amplificar a energia de gratidão e trazer clareza sobre o que deve ser apreciado. Esses cristais ajudam a elevar o campo energético do ritual, criando um ambiente mais propício para a introspecção e o reconhecimento.

Em alguns rituais, a gratidão também pode ser expressa através de pequenas oferendas à natureza. Colocar frutas, flores ou grãos em um jardim ou em uma área natural como forma de agradecimento simboliza a troca entre o ser humano e o mundo natural. Ao oferecer esses itens, o praticante estabelece um ciclo de reciprocidade com o universo, reconhecendo que tudo o que foi recebido durante o ano também faz parte de um fluxo contínuo de dar e receber. As oferendas não apenas simbolizam a gratidão, mas também honram o ciclo da vida e da natureza, que constantemente nos provê com seus dons.

Cânticos e orações também são ferramentas eficazes nos rituais de gratidão. Cantar mantras ou entoar orações específicas que celebrem a gratidão eleva a vibração do ambiente e cria um espaço de devoção. Um mantra simples, como "Om Shanti" (que significa paz), pode ser repetido enquanto o praticante reflete sobre o ano anterior, trazendo uma sensação de serenidade e aceitação. O som da voz amplifica a intenção do ritual, permitindo que a energia da gratidão ressoe não apenas no coração do praticante, mas também no universo ao seu redor.

Para aqueles que preferem rituais mais simbólicos, o uso da água pode ser incorporado. A água é o elemento da fluidez e da purificação, e em rituais de gratidão, ela pode ser utilizada para simbolizar o fluxo contínuo de bênçãos. O praticante pode encher uma tigela com água e, ao longo do ritual, pingar algumas gotas de óleos essenciais ou flores frescas, enquanto verbaliza cada uma das coisas pelas quais é grato. Ao final do ritual, essa água pode ser derramada sobre a terra ou uma planta, simbolizando a liberação das energias de gratidão para a natureza, que as reciclará e devolverá em forma de bênçãos futuras.

Outro aspecto importante dos rituais de gratidão pelo ano passado é o reconhecimento dos relacionamentos que foram fundamentais ao longo do ciclo. A gratidão não se limita apenas às experiências individuais, mas também pode ser direcionada às pessoas que estiveram presentes, apoiando ou ensinando algo valioso. Enviar mensagens de gratidão, presentes simbólicos ou até convidar essas pessoas para participar de um ritual conjunto de agradecimento são formas de fortalecer esses laços e entrar no novo ciclo com relacionamentos ainda mais harmoniosos.

Gratidão é a chave que abre as portas para o novo. Ao reconhecer o valor do que foi, o praticante prepara o coração e a mente para receber com humildade e generosidade as bênçãos que estão por vir. Os rituais de gratidão pelo ano que passou encerram o ciclo de forma harmoniosa, permitindo que o praticante entre no próximo ciclo com o espírito renovado, carregando a certeza de que, independentemente dos desafios futuros, sempre haverá motivos para agradecer.

A gratidão, além de ser uma prática profundamente pessoal, pode ser intensificada quando compartilhada com os outros e com o mundo ao nosso redor. No segundo momento dos rituais de gratidão pelo ano que passou, a energia que foi despertada nas práticas mais íntimas pode ser expandida em cerimônias comunitárias ou atos simbólicos que conectam o praticante com forças maiores — a natureza, os guias espirituais e a própria comunidade. Esta expansão da gratidão não só fortalece o espírito, mas também cria um espaço de cura coletiva e de reconhecimento compartilhado.

Um dos rituais mais potentes para expressar gratidão em um nível mais profundo é a oferenda à natureza. A natureza, com seus ciclos ininterruptos de morte e renascimento, espelha a própria dinâmica dos rituais de passagem de ano. Assim, entregar algo de valor simbólico à Terra é um modo de devolver à vida tudo o que foi recebido durante o ciclo anterior. Flores, frutas, sementes, ou até mesmo uma pequena refeição podem ser oferecidos em um local especial — um jardim, uma floresta ou à beira de um rio. Ao realizar essa oferenda, o praticante agradece não só pelo que foi colhido, mas também pelo que ainda está por vir, reconhecendo a reciprocidade intrínseca à vida.

Durante este ritual, é comum que o praticante faça uma oração de agradecimento, dirigindo suas palavras às forças da natureza e ao universo. Um exemplo simples de oração pode ser: "Agradeço à Terra, ao ar, ao fogo e à água, pelos dons que me concederam. Que este ciclo de gratidão continue a florescer em mim e em todos ao meu redor." As palavras, quando ditas com intenção sincera, criam um campo vibracional que conecta o praticante ao mundo ao seu redor, ancorando o ritual no presente.

Em muitas tradições, o ato de plantar algo durante o ritual de gratidão é uma forma de selar o compromisso com o futuro. O praticante pode plantar uma árvore, flores ou ervas, simbolizando o crescimento contínuo das bênçãos recebidas. Cada vez que a planta floresce, o ciclo de gratidão é reavivado. Essa ação simples, mas profundamente simbólica, lembra o praticante que a gratidão não é um evento isolado, mas um estado de ser que deve ser cultivado e nutrido ao longo do tempo.

Outro aspecto desse ritual é a presença de velas e a luz como símbolos de gratidão. Na cerimônia, velas podem ser acesas para honrar os guias espirituais, ancestrais ou deidades que o praticante reverencia. Cada vela representa uma conexão com forças invisíveis que, ao longo do ano, proporcionaram proteção, orientação e apoio. O ato de acender uma vela é um chamado à luz, e sua chama tremeluzente é uma lembrança do espírito divino que vive dentro e ao redor de nós. Conforme a vela queima, o praticante pode fazer orações ou entoar cânticos de gratidão, elevando suas vibrações.

Uma prática muito comum em rituais de gratidão mais elaborados é a criação de uma roda de gratidão, onde um grupo de pessoas se reúne para compartilhar suas experiências e expressar sua gratidão mutuamente. Esta roda é um símbolo de união e de troca de energias. Em uma roda de gratidão, cada pessoa tem a oportunidade de falar sobre algo ou alguém pelo qual é profundamente grata. Esse compartilhamento cria um campo energético coletivo de gratidão, fortalecendo os laços entre os participantes e entre eles e o universo. Enquanto cada pessoa fala, os outros ouvem com atenção, reconhecendo a importância de cada experiência. Muitas vezes, essa prática é acompanhada de canções ou cânticos, tornando a cerimônia mais vibrante e emotiva.

Além disso, no ambiente da roda de gratidão, alguns praticantes gostam de passar objetos simbólicos ao redor do círculo, como cristais, flores ou conchas, como forma de conectar fisicamente a energia de todos. O objeto pode simbolizar a continuidade da gratidão que circula entre as pessoas presentes. Quando a roda se fecha, há um sentimento de completude, como se o ciclo de gratidão tivesse se materializado no plano físico. Esse tipo de cerimônia tem o poder de criar memórias coletivas e de fortalecer as intenções conjuntas para o novo ciclo.

Rituais comunitários de gratidão também podem incluir ações concretas que beneficiem os outros, como doações ou trabalhos voluntários. A energia da gratidão não precisa ser limitada ao plano espiritual; ela pode ser traduzida em atos de generosidade e apoio àqueles que precisam. Uma prática comum em muitos grupos espirituais é organizar uma coleta de alimentos, roupas ou objetos de valor para serem doados a instituições de caridade, como forma de manifestar a gratidão através de atos de serviço. Esses gestos são uma extensão prática do que foi trabalhado no ritual, demonstrando que a gratidão também envolve dar aos outros o que recebemos.

Para aqueles que preferem rituais individuais, mas querem envolver as energias dos outros e do mundo ao redor, uma prática interessante é o uso de velas para agradecer aos guias espirituais e ancestrais. O praticante pode preparar um altar com símbolos que representem seus antepassados ou figuras espirituais importantes em sua vida, acendendo uma vela para cada um deles. Enquanto a vela queima, o praticante pode verbalizar sua gratidão por tudo que esses guias trouxeram durante o ano, desde a proteção até a inspiração para superar desafios. Esse tipo de ritual cria uma ponte entre o presente e o passado, honrando as forças invisíveis que guiam a jornada da alma.

Os cristais também desempenham um papel importante nesses rituais de gratidão. Colocar cristais como citrino, que é conhecido por amplificar a abundância e a gratidão, no altar ou usá-los durante o ritual, pode ajudar a intensificar as energias de apreciação. O quartzo rosa, associado ao amor incondicional, pode ser segurado durante as meditações, ajudando o praticante a abrir o coração para a energia da gratidão e da aceitação. Esses cristais podem ser guardados em locais especiais após o ritual, para que continuem emanando suas vibrações ao longo do próximo ciclo.

Em algumas tradições, o encerramento de um ritual de gratidão pelo ano passado inclui uma festa ou celebração, onde amigos e familiares são convidados a participar. Esta reunião festiva é uma forma de manifestar a gratidão em um nível físico, celebrando as conexões humanas e os bons momentos que foram partilhados ao longo do ano. A comida, a música e a dança tornam-se oferendas coletivas, onde o ato de celebrar é, em si, um ritual de gratidão.

No final, o verdadeiro poder dos rituais de gratidão pelo ano passado reside em sua capacidade de transformar a perspectiva do praticante. Ao reconhecer o valor de todas as experiências — tanto as boas quanto as difíceis — o praticante se fortalece emocional e espiritualmente para o novo ciclo que está por vir. A gratidão, praticada de forma consciente e ritualística, torna-se uma âncora sólida que conecta o ser humano ao presente e ao divino, proporcionando paz, clareza e uma profunda sensação de plenitude.

Capítulo 17
Rituais de Saúde e Bem-Estar para o Ano Novo

A saúde e o bem-estar são pilares fundamentais para enfrentar qualquer novo ciclo com energia renovada e vitalidade. Quando a passagem de ano se aproxima, muitos sentem a necessidade de se reconectar com o corpo, ajustar os desequilíbrios acumulados ao longo do ano anterior e abrir espaço para práticas que favoreçam o fortalecimento físico, mental e espiritual.

Neste capítulo, exploraremos rituais simples, mas poderosos, para garantir uma transição harmoniosa para o novo ciclo, com foco na saúde em seus múltiplos aspectos. Um dos primeiros passos nesses rituais é a preparação de orações ou mantras de proteção para a saúde. Essas orações servem como um escudo energético, ajudando o praticante a alinhar suas intenções com o bem-estar e a proteção de forças superiores. Em muitas culturas, a saúde é entendida como uma benção, algo que deve ser cultivado e protegido, e a recitação de orações ou mantras cria uma atmosfera de paz e cura.

Um exemplo de mantra simples pode ser: "Que a saúde floresça em meu corpo, mente e espírito, e que eu caminhe com equilíbrio e força em cada novo amanhecer." Esse tipo de afirmação pode ser repetido durante os rituais matinais, ou ao longo do dia, para manter a mente focada na intenção de cura e vitalidade.

Além das orações e mantras, um dos rituais mais acessíveis para garantir saúde no novo ano é o uso de ervas curativas. Ervas são frequentemente usadas em chás, defumações ou banhos rituais para limpar o corpo e fortalecer a saúde. O alecrim, por exemplo, é uma erva amplamente conhecida por suas propriedades revitalizantes, e o eucalipto é famoso por sua capacidade de purificar e abrir os pulmões, promovendo uma respiração saudável e fluida. Um banho de ervas preparado com alecrim, arruda e eucalipto pode ser tomado na véspera de Ano Novo como um gesto de renovação e purificação do corpo físico e energético.

Os alimentos que simbolizam vitalidade e longevidade também desempenham um papel importante nesses rituais. Em muitas tradições, determinados alimentos são considerados propícios para atrair saúde. Por exemplo, as romãs são frequentemente consumidas como símbolo de prosperidade e saúde abundante, graças às suas muitas sementes. Incluir romãs, mel ou nozes em uma refeição ritualística na noite da passagem de ano é uma maneira de nutrir o corpo com alimentos que simbolizam vida, energia e crescimento.

Outro aspecto fundamental para fortalecer o corpo e o espírito no início do novo ano é a prática de rituais físicos que promovam a força e o equilíbrio. Aqui, é importante incorporar atividades que movam a energia estagnada no corpo. A prática de yoga, por exemplo, é um caminho direto para alinhar corpo e mente, fortalecendo o sistema imunológico e criando um espaço de paz interior. Através de movimentos suaves e conscientes, o praticante pode liberar tensões acumuladas, preparando-se para o novo ciclo com mais leveza e flexibilidade. A "Saudação ao Sol", uma sequência de posturas de yoga, é particularmente indicada para esse propósito, pois simboliza a reverência ao novo dia e ao novo ciclo que se inicia.

As práticas de respiração consciente (pranayama) também são essenciais para limpar o corpo e revigorar os sistemas internos. Exercícios como a respiração alternada (Nadi Shodhana) ajudam a equilibrar os hemisférios do cérebro e purificar o sistema respiratório, criando uma sensação de calma e clareza mental. Integrar exercícios de respiração ao ritual diário é uma maneira eficaz de manter a saúde energética e emocional durante todo o ano.

Além dos rituais físicos, o equilíbrio emocional também é parte essencial do bem-estar. A prática da gratidão, como explorado em capítulos anteriores, é uma ferramenta poderosa para manter o coração leve e saudável. Quando cultivamos a gratidão, transformamos nossa percepção de desafios em oportunidades de crescimento, o que, por sua vez, reduz o estresse e promove um estado de harmonia emocional. Esse estado de tranquilidade emocional impacta diretamente o sistema imunológico, fortalecendo-o contra desequilíbrios que podem surgir.

O uso de cristais como suporte para a saúde e o bem-estar também é amplamente recomendado. Cristais como a ametista, que promove a calma e a cura, ou o quartzo verde, conhecido por suas propriedades de regeneração física e emocional, podem ser usados como ferramentas de cura durante o ano novo. Colocá-los no altar de saúde ou carregá-los consigo como amuletos é uma maneira de manter essas energias de cura em contato constante com o corpo e a mente. Antes de usá-los, os cristais podem ser energizados sob a luz da lua ou em uma tigela de água com sal grosso, para limpar suas energias e potencializar suas propriedades.

Esses rituais focados no bem-estar não apenas atuam como práticas de saúde física, mas também promovem um estado de espírito de conexão com o corpo e o universo. O ano novo é uma oportunidade de renovar o compromisso com o autocuidado, de se alinhar com o ritmo natural da vida e de plantar sementes de vitalidade para o ciclo que se inicia.

Aprofundando a abordagem da saúde e bem-estar, este capítulo explora rituais mais avançados, onde o foco se amplia para práticas de cura energética e o uso de técnicas de medicina alternativa. No limiar de um novo ciclo, as práticas espirituais podem se alinhar com abordagens holísticas de cura, criando uma poderosa convergência entre o físico, o mental e o espiritual.

Uma das práticas mais eficazes para manter o bem-estar ao longo do ano é o reiki, uma técnica de cura energética que busca canalizar a energia vital universal para equilibrar o corpo e a mente. Durante um ritual de passagem de ano, o reiki pode ser aplicado para purificar as energias do ciclo que termina, promovendo uma sensação de renovação e proteção. Ao posicionar as mãos sobre diferentes pontos do corpo, o praticante pode harmonizar os chakras e dissipar bloqueios energéticos. Esse alinhamento traz um fluxo de energia mais suave, ajudando a preparar o corpo para a saúde e o bem-estar contínuos no novo ano.

Outra técnica frequentemente usada nesses rituais é a aromaterapia. Os óleos essenciais possuem propriedades curativas que podem ser ativadas por meio da inalação ou da aplicação direta na pele. Durante o ritual, óleos como lavanda, eucalipto e limão podem ser usados para promover a calma, fortalecer o sistema imunológico e limpar o campo energético. O ritual de aplicação de óleos essenciais pode ser feito com massagem suave nos pulsos, pescoço e pés, ou com a difusão dos óleos no ambiente onde o ritual é realizado. Além disso, pode-se criar uma mistura personalizada de óleos para ser usada ao longo do ano, promovendo uma conexão contínua com as energias de saúde e vitalidade.

Os banhos rituais também podem ser enriquecidos com o uso de essências florais e ervas específicas, como lavanda para relaxamento e camomila para purificação emocional. A inclusão dessas plantas em um banho de imersão no final do ano cria uma experiência profunda de cura e renovação, onde o corpo se liberta de toxinas físicas e energéticas. A água é um símbolo de purificação universal, e, quando combinada com as propriedades curativas das ervas, ela se torna um veículo para a renovação integral do corpo e da alma.

Os rituais de cura energética podem ainda ser combinados com práticas de visualização. Visualizar a luz branca envolvendo o corpo e preenchendo cada célula com energia de cura é uma técnica poderosa. Esta prática ajuda a fortalecer o sistema imunológico, enquanto reequilibra o corpo em níveis profundos. A visualização pode ser feita durante meditações silenciosas ou enquanto o praticante recita mantras de cura e bem-estar.

Outro aspecto importante abordado neste capítulo é a cura por meio dos ciclos lunares. Os rituais de lua nova e lua cheia oferecem momentos poderosos para o reequilíbrio e a regeneração do corpo e da mente. Durante a lua nova, o praticante pode realizar um ritual de intenção focado na saúde, plantando sementes simbólicas para o crescimento e fortalecimento físico ao longo do ciclo lunar. A lua cheia, por sua vez, oferece um momento de culminação e liberação, onde energias estagnadas ou bloqueios são liberados para promover uma saúde mais robusta e equilibrada.

O alinhamento do corpo e da mente com essas energias naturais não apenas ajuda a restaurar o equilíbrio físico, mas também reforça o vínculo entre o praticante e as forças maiores do universo. Durante esses rituais, podem ser usados cristais específicos para cada fase da lua, como a selenita, que limpa e purifica as energias, ou o citrino, que ajuda a revigorar e fortalecer o corpo.

A medicina alternativa é outro campo explorado neste capítulo, com práticas que incluem a fitoterapia e o uso de superalimentos para fortalecer o corpo desde dentro. Consumir alimentos como açafrão, gengibre, e spirulina durante os rituais de passagem de ano pode ajudar a aumentar a imunidade e promover a longevidade. Esses alimentos, ricos em antioxidantes e nutrientes essenciais, podem ser integrados não apenas ao ritual, mas ao cotidiano, criando um ciclo contínuo de saúde ao longo do ano.

A respiração consciente continua sendo uma técnica essencial. Ao praticar exercícios respiratórios como a "respiração quadrada" (onde se inala, retém e exala o ar em tempos iguais), o praticante estimula a regeneração celular e equilibra os sistemas internos. Esse tipo de respiração ajuda a acalmar o sistema nervoso e a preparar o corpo para responder com mais flexibilidade aos desafios do ano que virá.

Por fim, o uso do som como ferramenta de cura é uma prática que pode elevar a saúde energética a novos níveis. Cânticos harmônicos, o uso de taças tibetanas e tambores xamânicos criam vibrações sonoras que ajudam a liberar bloqueios e equilibrar os chakras. A vibração do som tem um efeito direto nas células do corpo, promovendo um estado de relaxamento profundo e cura. Incorporar esses sons nos rituais de passagem de ano amplifica as energias de bem-estar e cria um ambiente propício para a regeneração física e emocional.

Com essas práticas avançadas de cura e bem-estar, o praticante se conecta de forma integral com seu corpo e espírito, criando uma base sólida para a saúde e vitalidade durante o ano inteiro. Ao alinhar as energias físicas e espirituais, os rituais se tornam catalisadores para uma vida mais equilibrada e saudável.

Capítulo 18
Rituais de Conexão com a Natureza

A harmonia com a natureza tem um poder ancestral que, quando acessado, pode transformar profundamente o ser. Neste capítulo, o foco está em rituais simples de renovação energética ao ar livre, onde a força dos elementos naturais se integra ao fluxo espiritual do praticante. A conexão com a Terra, o ar, a água e o fogo permite uma renovação que transcende o físico, oferecendo uma profunda sensação de equilíbrio e alinhamento com os ritmos naturais do universo.

A caminhada consciente, também conhecida como meditação em movimento, é uma das práticas mais poderosas para se conectar à natureza. Ao caminhar em um local natural — uma floresta, uma praia ou um parque —, o praticante silencia a mente e foca completamente nos seus passos, na respiração e nas sensações ao redor. Este processo não apenas acalma a mente, mas também cria uma ponte energética entre o corpo e o ambiente. Ao sentir a terra sob os pés e o vento no rosto, a energia do praticante se alinha com a vibração da Terra, trazendo clareza mental e espiritual.

Outro ritual poderoso é o de oferenda à Terra. Em um local natural, pode-se realizar pequenas oferendas de sementes, flores ou frutas, como um gesto de gratidão e reconexão com o planeta. Este ato simbólico carrega a intenção de devolver à Terra parte da abundância que ela nos oferece. Ao enterrar essas oferendas ou deixá-las à beira de um rio ou debaixo de uma árvore, o praticante ativa um ciclo de reciprocidade energética, criando uma troca sagrada entre o ser humano e a natureza.

A meditação ao ar livre, especialmente ao amanhecer ou ao entardecer, é outra prática simples, mas extremamente eficaz. O contato direto com os primeiros raios de sol ou com a luz suave do crepúsculo ativa a glândula pineal, promovendo um despertar espiritual e uma renovação interna. Durante essas meditações, o praticante pode visualizar a luz solar penetrando o corpo, energizando as células e limpando qualquer bloqueio energético acumulado. Essa prática não apenas revigora, mas também fortalece a conexão com o ritmo diário da natureza, permitindo um fluxo mais harmonioso de energia ao longo do dia.

Os elementos da natureza também podem ser usados de forma direta em rituais de limpeza e renovação. O vento, por exemplo, é um purificador natural. Ao ficar em pé em um local aberto, com os braços estendidos, o praticante pode imaginar que o vento está levando embora toda a energia estagnada ou negativa acumulada ao longo do ano. A brisa que toca a pele se torna um símbolo de renovação, limpando as camadas mais profundas do ser.

A água, por sua vez, é um elemento de cura extremamente poderoso. Em rios, cachoeiras ou no mar, o praticante pode realizar um banho ritualístico, permitindo que a água leve embora todas as preocupações e ansiedades do ciclo anterior. A prática de mergulhar nas águas naturais simboliza o retorno ao ventre da Terra, uma limpeza profunda que purifica não apenas o corpo físico, mas também os corpos energéticos. É um ato de entrega, onde se permite que as águas levem embora tudo o que já não serve mais.

As árvores, seres ancestrais que já testemunharam muitos ciclos de vida, também desempenham um papel importante nos rituais de conexão com a natureza. A prática de se conectar com uma árvore, conhecida como "abraço de árvores", é simples e eficaz. O praticante escolhe uma árvore que sente como sendo especial e passa alguns minutos em contato com seu tronco, de preferência com os olhos fechados, respirando profundamente. A árvore, com suas raízes profundas e sua ligação direta com o céu, atua como um canal de energia que estabiliza e equilibra o praticante. Esse contato físico e energético com a árvore proporciona uma sensação de enraizamento, ancorando o praticante no presente e permitindo que ele libere tensões emocionais e mentais.

Os altares naturais também são uma excelente forma de conexão com a Terra. Ao criar um altar ao ar livre, o praticante pode utilizar elementos encontrados no local, como pedras, folhas, galhos e flores. Esse altar se torna um ponto focal para a meditação e o ritual, onde a intenção do praticante é amplificada pela energia dos elementos naturais. O ato de construir o altar, colocando cada elemento com intenção e respeito, cria um elo mais forte entre o praticante e a força vital da natureza.

A oferenda de água à Terra é outra prática significativa. Ao derramar água pura no solo, o praticante agradece pelos ciclos da vida, oferecendo o elemento que simboliza a continuidade e o fluxo da existência. Este ritual simples, mas simbólico, é um lembrete da interdependência entre o ser humano e o planeta, renovando o compromisso de viver em harmonia com os ritmos naturais.

Por fim, as cerimônias ao ar livre, como círculos de orações ou cânticos, amplificam ainda mais a energia do grupo e a conexão com o ambiente natural. A união de vozes ou de intenções em um local natural cria uma vibração elevada, onde a natureza responde e participa ativamente da cerimônia. O som das vozes misturado ao som do vento, da água ou dos pássaros transforma o ritual em uma celebração da vida, onde o praticante sente profundamente o seu lugar no tecido vivo do universo.

Essa conexão profunda com a natureza, seja por meio de caminhadas, meditações, oferendas ou cerimônias, é fundamental para renovar e fortalecer o espírito. Quando o ser humano se alinha aos ciclos naturais e celebra sua relação com os elementos, ele encontra equilíbrio e paz interior. Os rituais de passagem de ano realizados na natureza são mais do que simples práticas espirituais — são um retorno às origens, uma reconexão com as forças vitais que sustentam a vida em todas as suas formas.

No silêncio profundo da natureza, os ecos do antigo nos chamam para um entendimento mais profundo da nossa ligação com o mundo ao nosso redor. Nesta segunda parte, a conexão com os elementos naturais é intensificada por meio de rituais mais elaborados, que incluem cerimônias realizadas sob a luz da lua cheia, caminhadas espirituais em florestas sagradas e a invocação de espíritos elementais para renovação pessoal e ambiental.

A lua cheia, com sua energia intensa e transformadora, é o ponto de maior culminação nos ciclos lunares. A prática de rituais sob a sua luz está enraizada em muitas culturas ancestrais, onde os ciclos lunares guiavam a agricultura, as colheitas e até mesmo o ritmo da vida humana. O ritual de lua cheia é uma oportunidade de concluir ciclos, de liberar o que não serve mais e de potencializar as intenções que guiarão o próximo mês ou ciclo. No momento em que a lua se ergue no céu, o praticante pode reunir-se em um espaço ao ar livre, em grupo ou sozinho, cercado de elementos naturais que simbolizem suas intenções — flores, velas, cristais, sementes.

A cerimônia começa com uma meditação de limpeza, onde o foco é deixar que a luz da lua banhe o corpo e a alma, removendo todas as camadas de negatividade acumuladas ao longo do mês. Com a mente e o corpo limpos, o praticante pode então se concentrar na liberação de tudo o que o impede de seguir em frente. Queimar um pequeno pedaço de papel com as palavras que representam essas limitações é uma prática comum nesses rituais. As cinzas são então oferecidas à Terra ou dispersas pelo vento, completando o ciclo de liberação e transformação.

Outro aspecto poderoso dessa conexão é a invocação dos espíritos elementais. Em tradições xamânicas e pagãs, os elementos — Terra, Água, Fogo e Ar — são vistos como entidades vivas, com as quais podemos nos conectar e cooperar. O espírito da Terra, associado à estabilidade, força e nutrição, pode ser invocado para ancorar e proteger. O espírito do Ar, com sua leveza e rapidez, é chamado para trazer clareza, novas ideias e inspiração. A Água, fluida e purificadora, é o elemento da cura emocional e da intuição profunda. Já o Fogo é o transformador, queimando o velho para dar lugar ao novo.

Um ritual de invocação dos espíritos elementais pode ser realizado em qualquer local natural, mas preferencialmente em lugares onde a presença de cada elemento possa ser sentida claramente — ao lado de um rio ou de uma fogueira, no topo de uma colina com o vento soprando forte, ou no meio de uma floresta densa e cheia de vida. O praticante começa criando um círculo ritualístico, que é tanto um espaço físico quanto energético. Dentro deste círculo, as invocações são feitas de maneira solene e respeitosa, através de palavras, cânticos ou sons de instrumentos como tambores e sinos.

A caminhada espiritual, também conhecida como peregrinação interna, é uma das formas mais profundas de meditação em movimento. Ao escolher um trajeto em um local natural, como uma floresta, montanha ou praia, o praticante deve caminhar em silêncio, permitindo que a mente se harmonize com o ambiente ao seu redor. Cada passo se torna uma oração, cada respiração uma invocação da presença do sagrado na natureza. É uma jornada tanto externa quanto interna, onde o caminho físico reflete o caminho espiritual. A interação com os elementos — sentir o vento no rosto, a terra sob os pés, o som da água correndo — intensifica o senso de interconexão com o mundo natural.

Os rituais sazonais também têm um papel importante na conexão com a Terra e suas energias cíclicas. As celebrações dos equinócios e solstícios, por exemplo, marcam os momentos de mudança nos ciclos da Terra, onde a luz e a escuridão, a vida e a morte se equilibram. Essas datas são momentos potentes para realizar rituais de renovação e gratidão, onde se reconhece o papel que a natureza desempenha em nossas vidas. No solstício de inverno, por exemplo, pode-se acender uma fogueira simbólica para marcar o retorno gradual da luz após a longa noite. Já no equinócio de primavera, as sementes podem ser plantadas, simbolizando o renascimento e o crescimento.

Uma prática poderosa nesses momentos é a criação de mandalas naturais — desenhos circulares feitos no chão com elementos colhidos da natureza, como pedras, flores, folhas e galhos. Cada objeto colocado na mandala carrega um significado, seja um desejo de renovação, de abundância, ou de cura. Ao final do ritual, a mandala pode ser deixada como uma oferenda à Terra, uma expressão de gratidão e de conexão com os ciclos naturais.

Invocar os espíritos da natureza, também conhecidos em algumas tradições como devas ou elementais, é uma prática que fortalece ainda mais a relação entre o praticante e o mundo natural. Esses seres sutis são vistos como guardiões das florestas, dos rios, das montanhas e de todos os elementos da Terra. Ao se conectar com esses seres, o praticante busca não apenas a cura e a orientação espiritual, mas também uma maior compreensão do seu papel como guardião do meio ambiente. Pedir permissão antes de colher uma flor, agradecer à árvore antes de tocar em seu tronco, ou deixar uma oferenda de água a um rio são formas de honrar a presença desses seres e de fortalecer essa aliança espiritual.

Em todas essas práticas, o objetivo final é a reconexão com o todo. A natureza é vista não como um recurso a ser explorado, mas como uma extensão do próprio ser. Quando o praticante se alinha com os ciclos da Terra, ele se torna parte de um fluxo maior, onde o tempo deixa de ser linear e a renovação é contínua. A natureza nos ensina sobre o ciclo de morte e renascimento, sobre a importância do equilíbrio, e sobre a necessidade de viver em harmonia com todos os seres, visíveis e invisíveis.

Esses rituais, que integram a Terra e seus elementos de maneira profunda, são convites para um retorno às nossas raízes mais antigas. Eles nos lembram que, mesmo no mundo moderno, carregamos dentro de nós a mesma força vital que permeia o vento, a água e a terra. Ao realizar esses rituais de conexão com a natureza, renovamos nosso compromisso com o equilíbrio e a harmonia, não apenas para nós mesmos, mas para o planeta como um todo.

Capítulo 19
Rituais de Relacionamento e Harmonia Familiar

O laço familiar é uma das estruturas mais profundas e antigas que sustentam o ser humano ao longo de sua vida. Na passagem de ano, este é um momento significativo para renovar essas conexões, reforçando o compromisso de harmonia, respeito e união entre familiares. Os rituais que fortalecem esses vínculos trazem uma energia de paz para o lar e proporcionam um ambiente propício ao crescimento mútuo, tanto no âmbito espiritual quanto no emocional.

As tradições de renovação familiar variam amplamente entre culturas e crenças, mas a essência é sempre a mesma: honrar a unidade e fortalecer os laços que unem o grupo familiar. Uma prática simples e significativa é a oração conjunta. No momento em que todos se reúnem, seja em torno de uma mesa ou ao redor de um altar familiar, cada membro pode compartilhar suas intenções para o ano que se inicia. Este é um ritual de abertura, onde as palavras proferidas carregam desejos de prosperidade, saúde e paz, e onde se reitera o respeito e o apoio mútuo.

O altar familiar, presente em muitas tradições, é um ponto central no ambiente do lar, onde são colocados símbolos de proteção e união. Velas acesas, que representam a luz e a clareza, podem ser posicionadas ao centro. Objetos de valor simbólico para a família, como fotos, cristais ou talismãs, também podem ser dispostos no altar, simbolizando a presença de todos, inclusive daqueles que já partiram. A presença desses itens cria uma atmosfera de união espiritual e fortalece o elo entre as gerações.

Um dos rituais mais antigos e tocantes é a troca de presentes simbólicos entre os membros da família. Esses presentes não precisam ser materiais, e muitas vezes, o verdadeiro valor reside no simbolismo por trás do gesto. Pequenos objetos, como pedras ou talismãs, podem ser consagrados com uma oração de proteção ou bênção antes de serem entregues. É uma forma de expressar o cuidado e o desejo de que cada familiar esteja protegido e guiado no próximo ciclo. Uma prática interessante é que cada pessoa, ao receber o presente, faz uma pequena prece silenciosa ou verbal para o outro, reforçando o laço de proteção e carinho.

Além dos presentes simbólicos, a renovação de votos familiares pode ser conduzida de maneira mais formal, como uma cerimônia de compromisso entre todos. Durante esta prática, cada membro é convidado a expressar suas intenções em manter a harmonia e o respeito ao longo do novo ano. Isso não apenas fortalece os laços entre os presentes, mas cria uma atmosfera de cura para eventuais desavenças ou desafios enfrentados no ano anterior. Este ritual também pode incluir o perdão mútuo, como uma forma de começar o ciclo de forma limpa e com o coração leve.

Em culturas onde o simbolismo da água é poderoso, a lavagem das mãos em conjunto pode ser incorporada como um ato de purificação e união. Um recipiente com água limpa, preparado com ervas purificadoras como alecrim ou lavanda, pode ser passado de pessoa em pessoa. Ao lavar as mãos, cada membro da família deixa ir as tensões e mágoas do ciclo passado, renovando sua energia para o novo começo. Esta água, carregada de intenções de cura e renovação, pode depois ser despejada na terra, simbolizando o retorno dessas energias ao ciclo natural.

Alguns rituais também envolvem a preparação de uma refeição especial, onde cada membro da família contribui de alguma forma. A comida, sendo um símbolo universal de nutrição e cuidado, representa a maneira como a família se sustenta mutuamente. Durante a refeição, cada prato pode ser oferecido com uma bênção ou uma intenção, criando um ciclo de gratidão e partilha. Esse tipo de ritual celebra não apenas a união física, mas o ato de sustentar uns aos outros, emocional e espiritualmente, ao longo do ano que se inicia.

Os rituais de harmonia familiar não precisam ser elaborados, mas devem ser conduzidos com sinceridade e abertura. Mesmo pequenos gestos, como acender uma vela juntos ou partilhar uma oração, podem ter um impacto profundo no ambiente familiar. Essas práticas criam uma base de respeito e harmonia que sustentará a família nos meses seguintes, fortalecendo os laços invisíveis que conectam uns aos outros, e assegurando que, independentemente das circunstâncias, os familiares estejam unidos em propósito e espírito.

Com o início de um novo ciclo, a profundidade das relações familiares se manifesta não apenas nos gestos cotidianos, mas também através de cerimônias e rituais que reforçam os laços. Na segunda parte, esses rituais se tornam mais elaborados, focando em práticas de cura familiar e bênçãos coletivas que integram símbolos de união e prosperidade para o lar. A ideia central é criar momentos em que os membros possam renovar suas energias e resolver conflitos antigos, preparando um terreno fértil para harmonia futura.

Um dos rituais mais profundos para promover a cura entre familiares é a cerimônia de bênçãos, que pode ser realizada ao redor de um altar familiar ou num local sagrado para todos. Neste ritual, cada membro da família é abençoado individualmente com uma oração ou cântico, simbolizando a renovação do compromisso de apoio mútuo. Aquele que oferece a bênção deve ter em mente a proteção e a prosperidade da pessoa que a recebe, e quem recebe pode expressar sua gratidão e intenções de reciprocidade, criando um fluxo de energias positivas que circula por todos os envolvidos.

A prática do perdão coletivo também pode ser introduzida nesta fase mais intensa dos rituais. Para a maioria das famílias, o acúmulo de pequenas mágoas ou grandes desavenças pode, ao longo do tempo, gerar tensões que enfraqueçam os laços. Uma maneira simbólica de resolver esses conflitos é a criação de um espaço seguro, onde todos têm a oportunidade de verbalizar seus sentimentos e pedir ou oferecer perdão. Este processo de cura emocional pode ser reforçado com a queima de cartas, onde cada membro escreve as dores que deseja deixar para trás, transformando essas mágoas em cinzas e permitindo que a energia negativa se dissipe.

Em algumas tradições, o uso de objetos simbólicos, como cristais ou fitas, é comum para representar a união da família. Um ritual poderoso consiste em criar um círculo de proteção ao redor de todos os membros, utilizando cordões ou fitas para amarrar simbolicamente os laços entre cada um. Ao final, esses cordões são guardados em um lugar especial da casa, como um altar ou uma caixa sagrada, simbolizando que os laços familiares permanecem protegidos e fortalecidos ao longo do ciclo que se inicia.

A presença de elementos naturais também pode amplificar o poder desses rituais. A bênção com água, por exemplo, é um método tradicional que invoca a purificação e renovação. Uma tigela com água pura, na qual se mergulham flores ou ervas consagradas, pode ser passada de mão em mão, com cada membro molhando suas mãos ou rosto enquanto faz um pedido de cura e proteção para a família. Essa água, carregada de energia familiar, pode ser posteriormente vertida sobre a terra, alimentando o solo e simbolizando o ciclo contínuo de vida e renovação.

Algumas famílias adotam a criação de símbolos de união, como um objeto coletivo feito por todos. Pode ser um mosaico, uma pintura ou até mesmo a plantação de uma árvore ou jardim, onde cada membro contribui de alguma forma. Essa obra de arte familiar ou espaço verde será um lembrete físico da colaboração e unidade que permeia a família. O ato de criar juntos fortalece não apenas o vínculo entre os participantes, mas também infunde no objeto ou planta as intenções de crescimento, união e prosperidade.

Para famílias que desejam aprofundar os laços espirituais, a realização de uma cerimônia conjunta de meditação ou oração é uma prática extremamente eficaz. Durante esta cerimônia, todos se sentam em silêncio ou recitam cânticos em conjunto, enquanto visualizam suas intenções de harmonia fluindo entre eles como uma corrente de luz. Essa conexão espiritual reforça o elo invisível que une cada coração ao outro, criando um campo de energia que protege e nutre o espírito da família ao longo do ano.

As celebrações conjuntas, marcadas por festas ou refeições simbólicas, também podem ser um ponto alto dos rituais familiares. Preparar uma refeição em conjunto, com cada membro trazendo algo para a mesa, seja alimento, uma bênção ou uma história pessoal, é uma forma tangível de compartilhar gratidão e alegria. Ao final da refeição, é comum que se faça uma oração ou cântico de agradecimento, fechando o ritual com sentimentos de gratidão, união e prosperidade para o ano vindouro.

Esses rituais familiares, mais elaborados e profundos, criam um espaço onde a energia coletiva pode ser direcionada para a cura e o crescimento, assegurando que o ciclo que se inicia seja marcado por paz, proteção e abundância. Ao praticar essas cerimônias de renovação, as famílias não apenas reforçam suas conexões internas, mas também estabelecem um padrão de apoio mútuo e espiritualidade que irá guiá-los por todo o novo ciclo.

Capítulo 20
Rituais de Celebração da Amizade

A amizade é uma das conexões mais sagradas que o ser humano pode experienciar. Diferente dos laços familiares, a amizade nasce de uma escolha mútua e profunda, baseada em afinidades, respeito e apoio. No contexto dos rituais de passagem de ano, celebrar essas conexões é uma forma de fortalecer os vínculos e garantir que essas energias continuem florescendo no novo ciclo que se inicia. Na primeira parte deste capítulo, vamos explorar rituais simples que podem ser realizados para honrar e celebrar as amizades, nutrindo essas relações com gratidão e intenção.

Um dos rituais mais comuns e significativos para celebrar a amizade é a troca de presentes simbólicos. Estes presentes não precisam ser grandiosos ou caros, mas sim objetos que carreguem significados profundos, como pedras, cristais, ou objetos feitos à mão. Ao entregar o presente, o gesto deve ser acompanhado por uma bênção ou uma palavra de gratidão, expressando o quanto a amizade é valiosa e desejando prosperidade e felicidade ao amigo. Esse ato de dar e receber cria um ciclo de energia positiva, onde cada amigo se sente visto e valorizado.

Outro ritual poderoso para celebrar a amizade é a criação de um círculo de amizade. Neste círculo, cada participante é convidado a compartilhar seus desejos e intenções para o ano que se inicia, não apenas para si mesmo, mas também para os amigos presentes. O círculo pode ser acompanhado por uma vela central ou um pequeno altar decorado com elementos simbólicos da amizade, como fitas entrelaçadas, flores ou cristais que representem a energia do grupo. Cada pessoa pode acender uma vela, fazer um pedido ou expressar sua gratidão pela presença do outro em sua vida.

A música e os cânticos também desempenham um papel importante nesses rituais de amizade. O ato de cantar juntos pode unir as pessoas em uma vibração harmônica, elevando a energia do grupo e criando um ambiente de celebração e alegria. Pode-se escolher uma música que tenha significado especial para o grupo ou criar cânticos simples que expressem as qualidades da amizade, como lealdade, apoio e amor. Tambores, sinos e outros instrumentos musicais podem ser utilizados para aumentar a energia e marcar os momentos mais significativos do ritual.

A criação de amuletos coletivos é outra forma de fortalecer os laços entre amigos. Esses amuletos podem ser colares, pulseiras ou até mesmo pequenas bolsas contendo objetos que representem a amizade. O ritual de criação desses amuletos pode ser feito em conjunto, com cada pessoa contribuindo com algo especial, como uma pedra, uma erva ou um símbolo que represente os desejos para o novo ano. Esses amuletos, além de serem presentes físicos, também carregam a intenção e a energia de todos que participaram do ritual, tornando-se protetores e lembranças tangíveis do vínculo entre os amigos.

Os rituais de amizade podem ser realizados em ambientes naturais, como parques ou praias, onde a energia da natureza potencializa as intenções. Estar cercado pela força dos elementos — o vento, a terra, a água e o fogo — cria uma conexão mais profunda com o ciclo natural da vida e com as energias da renovação. Ao realizar esses rituais ao ar livre, os amigos podem se sentir mais conectados com o fluxo natural do tempo e com as energias da Terra, o que fortalece a ligação entre eles e os desejos para o novo ciclo.

A prática da gratidão e do reconhecimento mútuo é essencial em qualquer ritual de amizade. Ao expressar o que cada amigo significa, honramos a jornada que foi compartilhada até aqui e abrimos espaço para que essa relação continue a crescer. Isso pode ser feito em forma de cartas, onde cada um escreve sobre o impacto que o outro teve em sua vida, ou em forma de palavras faladas, em um momento dedicado exclusivamente para compartilhar essas emoções.

A simplicidade desses rituais não diminui seu poder; pelo contrário, é através da intenção pura e sincera que a energia da amizade se fortalece.

A segunda parte do ritual de celebração da amizade aprofunda o que foi explorado anteriormente, com a introdução de cerimônias mais elaboradas que envolvem a criação de símbolos de proteção e prosperidade. A amizade é uma força viva, um elo que transcende o tempo e as circunstâncias. Nesse sentido, realizar rituais que selam esses laços de forma mais duradoura pode ter um impacto significativo na continuidade e no fortalecimento dessas conexões ao longo do novo ciclo.

Um dos rituais mais simbólicos é a criação de amuletos ou objetos que representem a amizade e que possam ser levados ao longo do ano por cada integrante do círculo. Esses amuletos podem ser confeccionados de forma personalizada, onde cada amigo participa da escolha dos materiais ou da construção do objeto. Por exemplo, em alguns grupos de amizade, é comum criar pequenos colares, braceletes ou talismãs com pedras que representam energias específicas de proteção e prosperidade. A ametista, por exemplo, pode ser escolhida por seu poder de promover a sabedoria e a calma, enquanto o quartzo rosa reforça o amor incondicional e o cuidado mútuo.

Durante o processo de criação desses amuletos, cada pessoa pode também consagrar o objeto com uma intenção específica, seja proteção, saúde ou felicidade, verbalizando seus desejos para o amigo que receberá o item. O ato de consagrar ou abençoar o amuleto pode ser acompanhado por uma oração, cântico ou até uma breve meditação, onde todos, em conjunto, visualizam as bênçãos sendo seladas nos amuletos.

Rituais coletivos onde grupos de amigos se reúnem para realizar práticas conjuntas de renovação e fortalecimento dos laços também trazem um grande impacto emocional e energético. Um exemplo é o ritual do "círculo de intenções", onde cada pessoa do grupo escreve seus desejos para o novo ano e compartilha com o círculo. Para cada intenção expressa, o grupo pode responder em uníssono com palavras de encorajamento, como "Que assim seja" ou "Estamos com você", criando um forte sentimento de apoio e comunhão. Esse tipo de ritual não apenas reforça as intenções individuais, mas também fortalece o vínculo coletivo, onde cada amigo se sente amparado e energizado pela presença dos outros.

Outro ritual poderoso é o "círculo de proteção", onde os amigos se unem, seja fisicamente ou simbolicamente, para invocar forças de proteção para o novo ciclo. Esse círculo pode ser desenhado no chão com giz ou feito de elementos naturais, como galhos ou pedras, em volta de uma vela central. Ao acender a vela, o grupo pode recitar orações ou cânticos que invoquem forças de proteção e paz para todos os envolvidos. As energias invocadas neste momento têm o poder de proteger não apenas os amigos presentes, mas também as relações e os caminhos que cada um trilhará no novo ano.

Além dos rituais de proteção e prosperidade, é possível realizar cerimônias de renovação. Uma prática comum é a troca de cartas escritas no início do ano. Nelas, cada amigo pode expressar o que deseja para si e para o outro. As cartas são lidas durante o ritual e, depois de um ano, podem ser abertas novamente, relembrando os desejos expressos e refletindo sobre o que foi conquistado ou aprendido. Isso cria um ciclo contínuo de reflexão e crescimento, fortalecendo ainda mais a conexão entre amigos.

As oferendas também são uma parte importante dos rituais mais elaborados de amizade. Um exemplo seria a oferenda de alimentos ou elementos simbólicos à natureza, em agradecimento pelas bênçãos recebidas através das amizades. Frutas, flores e grãos podem ser colocados em um altar coletivo ou diretamente na terra, como forma de retribuir à Mãe Terra pela abundância de amor e companheirismo. Esse gesto de generosidade expande a energia da amizade para além do círculo imediato, conectando o grupo a uma força maior de união e equilíbrio natural.

Os rituais de celebração da amizade não precisam ocorrer apenas em momentos de transição de ano; eles podem ser realizados a qualquer momento ao longo do ciclo, sempre que os amigos sentirem necessidade de renovar ou fortalecer seus laços. Ao incluir essas práticas em seus ciclos anuais, os grupos de amigos criam um espaço sagrado, onde a energia da amizade é continuamente nutrida e protegida, garantindo que essa força permaneça viva e forte, independentemente dos desafios ou mudanças que a vida traga.

Esses momentos rituais, por mais simples ou elaborados que sejam, revelam o verdadeiro valor da amizade — não apenas como um vínculo social, mas como uma força espiritual e energética que sustenta, protege e guia os envolvidos em sua jornada pessoal e coletiva.

Capítulo 21
Rituais de Perdão e Liberação de Mágoas

A transição de um ciclo para outro carrega consigo a necessidade de deixar para trás o que não serve mais. Entre os pesos que muitas vezes nos acompanham, as mágoas, ressentimentos e feridas emocionais estão entre os mais difíceis de se libertar. Este capítulo é dedicado aos rituais que facilitam o perdão, tanto para si mesmo quanto para os outros, criando espaço para novas energias e experiências mais leves e harmoniosas.

O perdão, no contexto espiritual, não se trata de esquecer ou minimizar o que aconteceu, mas de liberar a carga emocional que aquilo nos impôs. É uma prática de autoamor e cura, um presente que damos a nós mesmos para seguir em frente sem o peso do passado.

Um dos rituais mais simples e eficazes para iniciar esse processo de libertação é o "Ritual da Carta de Perdão". Nele, o praticante escreve uma carta a si mesmo ou a alguém com quem tenha questões não resolvidas. A carta deve conter tudo o que se deseja expressar — as dores, os arrependimentos, as mágoas e, finalmente, as palavras de perdão. Esta prática é incrivelmente poderosa, pois dá voz a sentimentos reprimidos e permite que eles sejam processados e liberados.

Ao final da escrita, a carta pode ser guardada, queimada ou enterrada, dependendo da intenção do ritual. Queimar a carta simboliza a transmutação da dor em algo mais elevado, transformando o sofrimento em sabedoria e alívio. Enterrá-la pode representar o encerramento de um ciclo, devolvendo à terra o que não nos serve mais, para que a energia seja reciclada e transformada. Independentemente do método escolhido, o ato de encerrar o ritual com uma ação física reforça o comprometimento em deixar o passado para trás.

A meditação focada no perdão também é uma prática fundamental. Neste ritual, o praticante deve se posicionar em um ambiente tranquilo, idealmente após uma breve sessão de respiração consciente para acalmar a mente e o coração. Durante a meditação, visualiza-se a pessoa ou situação que precisa ser perdoada como uma luz suave. Com cada expiração, imagina-se liberando qualquer dor ou ressentimento que se tenha associado àquela imagem. Aos poucos, a luz que envolve a pessoa ou a situação cresce e se expande, até que todo o sentimento negativo seja dissolvido.

Esse tipo de meditação pode ser repetido quantas vezes forem necessárias, até que o perdão seja completo. Muitas vezes, perdoar pode ser um processo que exige várias camadas de cura, especialmente quando as feridas são profundas. Por isso, é importante que o praticante seja gentil consigo mesmo, entendendo que o perdão, em sua essência, é um ato contínuo de autocompaixão.

Outro aspecto poderoso dos rituais de perdão é a incorporação de afirmações. Afirmações são declarações positivas que reforçam a intenção de cura e liberação emocional. Exemplo de uma afirmação para este tipo de ritual pode ser: "Eu libero o passado e me abro para a paz e o amor" ou "Eu perdoo a mim mesmo e aos outros, e me permito ser livre". Repetir essas palavras em voz alta ou em silêncio durante o ritual pode ajudar a transformar as energias internas, reprogramando a mente e o coração para se afastarem do ressentimento e abraçarem a cura.

Por fim, o uso de cristais, como o quartzo rosa, durante esses rituais pode potencializar o processo de liberação emocional. O quartzo rosa é conhecido como a pedra do amor incondicional e cura emocional. Segurá-lo enquanto realiza o ritual ou deixá-lo próximo durante a meditação traz uma sensação de apoio energético, ajudando a suavizar os sentimentos e promover o perdão. Combinar o uso de cristais com velas brancas — que simbolizam paz e clareza — também pode elevar a vibração do ritual, trazendo uma energia de serenidade e renovação.

Esses rituais simples, porém profundos, ajudam o praticante a entrar no novo ciclo de forma leve, limpo de mágoas que poderiam impedir o crescimento e a renovação espiritual. O perdão não é apenas uma ação pontual, mas um processo que pode se estender ao longo do tempo, trazendo cura contínua e libertação.

Essas práticas, além de promoverem o bem-estar emocional, são uma preparação essencial para a passagem de ano, permitindo que o novo ciclo comece com o coração mais leve e a mente mais aberta ao que está por vir.

A profundidade do perdão, muitas vezes, não se alcança em um único ritual ou em um gesto simples. Mágoas arraigadas, especialmente aquelas que carregam vínculos emocionais antigos ou feridas profundas, exigem práticas mais intensas e simbólicas. Este capítulo avança para rituais mais elaborados, que envolvem tanto elementos materiais quanto espirituais, permitindo uma cura emocional profunda.

Um dos rituais mais poderosos para esse tipo de liberação é o "Ritual da Queima de Cartas". Nele, o praticante escreve uma carta com todos os sentimentos, dores, mágoas e desapontamentos que ainda carrega, detalhando os eventos e as emoções com total sinceridade. A intenção é trazer à tona tudo o que está reprimido e, em seguida, transmutar essas energias. Ao finalizar a carta, ela é queimada, simbolizando a destruição daquilo que já não serve mais. O fogo, elemento de transformação e renovação, é um canal energético que libera o que estava estagnado, devolvendo ao universo as emoções que antes estavam presas.

Este ritual pode ser feito em silêncio ou acompanhado de orações e afirmações que reforçam a intenção de perdão e liberação. À medida que a fumaça sobe, o praticante deve visualizar as dores se dissipando no ar, como partículas de energia que estão sendo transformadas. Durante esse momento, é comum sentir uma sensação de alívio, como se o peso das emoções estivesse se dissolvendo junto com as cinzas.

Outro ritual simbólico para liberar mágoas é o "Ritual de Enterro de Objetos". Nesse processo, o praticante escolhe um objeto que simbolize a dor ou o conflito que deseja deixar para trás. Pode ser algo simples, como uma pedra ou um pequeno item pessoal, que tenha algum tipo de conexão emocional com o problema. O ato de enterrar esse objeto na terra representa o fechamento de um ciclo e o desejo de deixar as mágoas para trás. A terra, como elemento de nutrição e renascimento, recebe as energias densas e as transforma, permitindo que o praticante avance em sua jornada com mais leveza.

Além de rituais com fogo e terra, há práticas espirituais que envolvem cânticos e orações específicas, desenhadas para ajudar no processo de cura emocional. Um exemplo disso é a prática do ho'oponopono, uma antiga tradição havaiana de reconciliação e perdão. A oração é simples, mas poderosa, consistindo em quatro frases que, repetidas, ajudam a limpar bloqueios emocionais: "Sinto muito. Me perdoe. Eu te amo. Sou grato." Essas palavras são ditas como uma forma de se reconectar com a paz interior e liberar as correntes emocionais que ainda mantêm a mágoa viva.

A integração de cânticos também pode ser feita de maneira personalizada, escolhendo mantras que ressoam com a energia do perdão. Um dos mantras mais conhecidos é o Om Mani Padme Hum, associado à compaixão e à purificação. Ao cantar esse mantra, o praticante eleva sua vibração, conectando-se com uma energia mais elevada, que facilita o perdão e a liberação do sofrimento.

Durante esses rituais, é importante criar um ambiente que apoie o processo de cura. O uso de velas, incensos e cristais, como o quartzo rosa ou ametista, pode ajudar a harmonizar o espaço e trazer uma sensação de paz e proteção. A ametista, em particular, é conhecida por suas propriedades de transmutação de energias negativas em positivas, sendo ideal para rituais que envolvem o perdão e a cura emocional.

Essas práticas profundas também podem ser acompanhadas de afirmações poderosas, que ajudam a reprogramar a mente e o coração para um estado de aceitação e liberação. Uma afirmação como "Eu liberto toda dor e abro espaço para o amor e a paz em meu coração" pode ser repetida durante o ritual, reforçando a intenção de deixar o passado para trás.

Ao encerrar o ritual, é importante selar o processo de cura com um ato de gratidão. Agradecer pelo aprendizado e pelas experiências, mesmo aquelas que trouxeram dor, é uma maneira de honrar o caminho percorrido e de reconhecer que tudo faz parte de uma jornada maior de crescimento e evolução.

Esses rituais, ao mesmo tempo simbólicos e profundos, ajudam a transformar a dor em aprendizado, a mágoa em aceitação e o ressentimento em liberdade. Ao final do processo, o praticante sente-se mais leve, pronto para entrar em um novo ciclo com o coração limpo e aberto para o que está por vir.

Capítulo 22
Rituais de Manifestação de Sonhos e Metas

Quando o ano novo se aproxima, o ciclo de renovação se abre, oferecendo uma oportunidade única para a manifestação de desejos, sonhos e metas. No coração desse processo, estão os rituais de visualização criativa, uma prática antiga e poderosa que canaliza energias para transformar aspirações em realidade. O ritual começa com a criação de um espaço sagrado, onde a mente pode se concentrar plenamente nas metas que se deseja alcançar no novo ciclo.

Um dos primeiros passos é a prática da escrita intencional. O ato de escrever metas e sonhos com clareza é uma forma de materializar pensamentos, trazendo-os para o mundo físico. Ao colocar no papel os desejos para o próximo ano, o praticante começa a construir um canal entre o mundo das ideias e o da realização concreta. Este processo pode ser feito em um ambiente tranquilo, à luz de uma vela, que simboliza a iluminação e o foco naquilo que se deseja manifestar.

Após definir suas metas, o praticante é guiado para uma técnica essencial: a visualização criativa. Aqui, o poder da mente é aproveitado para imaginar com detalhes como será a vida quando essas metas forem atingidas. A prática envolve entrar em um estado meditativo e imaginar-se já vivenciando os resultados desejados. Durante a visualização, é importante não apenas ver, mas também sentir. Imaginar as emoções que acompanham a realização das metas — a alegria, o alívio, o entusiasmo — é um dos fatores mais decisivos na eficácia da prática, pois a emoção é o que conecta a intenção com a energia da manifestação.

Outra técnica prática para a manifestação é a criação de um "quadro de visões" (vision board). Esse quadro é um espaço físico, como uma cartolina ou quadro de cortiça, onde imagens, palavras e símbolos que representam os desejos e sonhos são colados. As imagens podem ser retiradas de revistas, fotos ou desenhadas à mão, representando com clareza as metas. O quadro de visões serve como uma ferramenta constante de visualização, um lembrete diário dos objetivos e sonhos que o praticante deseja manifestar. Cada vez que o quadro é olhado, ele fortalece a intenção e o compromisso com a realização.

Além do quadro de visões, o ritual também pode ser complementado com a utilização de cristais que auxiliam na manifestação. Cristais como o citrino, conhecido por sua associação à prosperidade e ao sucesso, e a pirita, que atrai oportunidades e abundância, podem ser colocados ao lado do quadro de visões ou carregados durante o dia para reforçar a intenção de concretizar as metas. Esses cristais, devido às suas propriedades energéticas, agem como amplificadores das vibrações que o praticante emite.

Durante o processo de visualização e manifestação, é importante que o praticante mantenha um sentimento de gratidão. Agradecer por aquilo que ainda está por vir — como se já tivesse acontecido —

ajuda a sintonizar a mente em uma frequência de abundância. Esse ato de gratidão prévia não é apenas simbólico; ele cria uma mentalidade de merecimento e abertura para o recebimento das bênçãos que estão a caminho. A gratidão é uma das forças mais poderosas no campo da manifestação, pois conecta o praticante com o fluxo universal de energia positiva.

A primeira parte deste capítulo oferece uma estrutura sólida para quem deseja iniciar o ano novo com clareza de metas e intenções, utilizando o poder da mente, da escrita e de símbolos visuais para alinhar seus sonhos com as energias do universo. A criação de rituais pessoais, que combinam visualização, escrita e gratidão, prepara o terreno para um ano próspero e repleto de realizações.

Na segunda parte do processo de manifestação de sonhos e metas, o ritual se aprofunda, trazendo à tona práticas mais detalhadas e personalizadas. O objetivo é intensificar o compromisso do praticante com suas intenções e criar uma conexão ainda mais forte entre suas aspirações e o fluxo de energia cósmica que pode torná-las realidade.

Um dos métodos mais poderosos para potencializar a manifestação é a criação de talismãs e amuletos personalizados. Esses objetos, feitos de forma consciente e com propósito, carregam a energia da intenção específica do praticante. Ao escolher os materiais que serão usados no talismã, é importante considerar as propriedades simbólicas de cada elemento. Por exemplo, metais como o cobre são conhecidos por sua capacidade de conduzir energia, enquanto pedras como a ametista ou o citrino podem ser escolhidas de acordo com o tipo de desejo — espiritualidade, prosperidade ou clareza mental. Após a criação, o talismã deve ser consagrado em um ritual específico, onde o praticante canaliza sua energia e a intenção desejada diretamente para o objeto, transformando-o em um condutor energético para o seu sonho.

Outro aspecto importante é trabalhar com os ciclos lunares e astrológicos. A Lua exerce uma influência significativa sobre o fluxo de energia na Terra, e ao alinhar rituais com suas fases, o praticante pode potencializar os resultados. A fase da lua nova, por exemplo, é ideal para começar projetos e plantar sementes de novos desejos, enquanto a lua cheia é o momento propício para a concretização e celebração das realizações. Rituais realizados durante a lua cheia podem incluir banhos de luz da lua, onde o praticante se expõe à luz lunar, visualizando suas intenções sendo energizadas por essa força natural. Além disso, eventos astrológicos especiais, como eclipses ou trânsitos planetários, oferecem oportunidades únicas para rituais mais intensos de manifestação, pois a energia cósmica nesses momentos é especialmente forte e transformadora.

O uso de afirmações também é aprofundado neste estágio. Enquanto na primeira parte o foco estava em definir metas e visualizá-las, aqui o praticante aprende a incorporar as afirmações poderosas no seu dia a dia. Essas frases, sempre formuladas no presente e de forma positiva, servem como lembretes constantes de que a manifestação está em andamento. Por exemplo, ao invés de dizer "Eu terei sucesso", a afirmação deve ser "Eu sou bem-sucedido agora", já que o tempo presente traz a energia da realização para o momento atual. A repetição dessas afirmações, especialmente durante momentos de silêncio ou meditação, fortalece o compromisso interno e ajuda a alinhar a mente subconsciente com o objetivo desejado.

Além disso, o trabalho com visualizações guiadas pode ser intensificado com a ajuda de um diário espiritual. Manter um diário onde o praticante escreve não apenas suas metas, mas também seus sentimentos, insights e os sinais que o universo lhe envia durante o processo de manifestação, ajuda a reforçar a conexão com seu propósito. Esse diário serve como um mapa pessoal de crescimento, permitindo que o praticante veja como suas intenções evoluem com o tempo e como as sincronicidades começam a se manifestar em sua vida.

Por fim, a conexão com deidades ou arquétipos da prosperidade e realização pode trazer uma dimensão espiritual poderosa ao ritual. Figuras como Lakshmi, a deusa hindu da abundância, ou Ganesha, o removedor de obstáculos, são frequentemente invocadas para abençoar os caminhos do praticante, proporcionando clareza e removendo impedimentos no caminho da manifestação. Esses rituais de invocação podem ser simples, como acender uma vela em honra à deidade escolhida, ou mais elaborados, envolvendo cânticos, oferendas de flores, frutas ou outros itens que representem prosperidade e sucesso.

Ao integrar esses elementos — talismãs, ciclos lunares, afirmações e o trabalho com deidades — o praticante alcança um novo nível de conexão com seus sonhos. Mais do que apenas desejos soltos, suas metas se tornam partes vivas de seu caminho espiritual, ancoradas em rituais profundos que envolvem o corpo, a mente e o espírito em um processo de criação consciente. Este ciclo de manifestação fortalece não apenas o compromisso com os próprios objetivos, mas também a confiança no fluxo natural de abundância e prosperidade que o universo oferece a quem está aberto para recebê-lo.

Capítulo 23
Fechamento do Ciclo Anual e Celebração

O fechamento do ciclo anual é um momento sagrado de reflexão e agradecimento. O ritual que encerra o ano que passou não se trata apenas de se despedir do tempo que se foi, mas de integrar as lições, celebrar as conquistas e, ao mesmo tempo, liberar os pesos que não precisam ser carregados para o novo ciclo.

O primeiro passo nesse processo é criar um espaço de calma e introspecção. Antes de iniciar o ritual propriamente dito, o praticante é convidado a refletir profundamente sobre o que o ano trouxe. A prática da meditação silenciosa é essencial para essa fase, pois permite que a mente se aquiete e as emoções venham à tona sem resistência. Ao sentar-se em silêncio, o praticante pode visualizar o ano que se passou como um caminho, relembrando os momentos que trouxeram tanto crescimento quanto desafios. Essa visualização não deve ser apenas um reviver de experiências, mas uma oportunidade de olhar para cada momento com um olhar de aprendizado e gratidão.

Um dos elementos centrais desse ritual é a escrita de uma carta de agradecimento. Diferente das cartas de despedida do passado, essa carta é focada em expressar gratidão por tudo o que o ano ofereceu — as oportunidades, os aprendizados, as dificuldades e as vitórias. O ato de escrever serve como uma forma de consolidar internamente as emoções e liberar qualquer pendência emocional que ainda possa estar amarrada ao ciclo anterior. É uma prática de humildade, onde o praticante reconhece a sabedoria intrínseca do fluxo da vida e a importância de cada evento em sua jornada.

Outra etapa importante é o ritual de oferenda. Aqui, o praticante é convidado a preparar uma pequena mesa ou altar, com objetos que simbolizem o que foi mais significativo no ano. Pode ser uma foto, um cristal, ou qualquer outro item que tenha tido relevância. Junto a esses objetos, é comum acender uma vela, que representa tanto a luz do ano que passou quanto a luz que se deseja trazer para o novo ciclo. Ao fazer isso, o praticante pode recitar orações ou mantras de gratidão, oferecendo sua energia de reconhecimento ao universo, e permitindo que o ciclo se feche com paz e harmonia.

A cerimônia de gratidão também pode incluir o compartilhamento desses sentimentos com os outros. Se feito em um contexto coletivo, como com amigos ou familiares, o ritual pode ser ampliado para incluir momentos em que cada pessoa compartilha o que mais lhe tocou no ano que passou, promovendo uma conexão profunda entre os participantes. Esse tipo de partilha cria um campo de energia coletiva de gratidão e acolhimento, onde todos se reconhecem mutuamente em suas jornadas.

Encerrando o ritual de fechamento, há a prática de liberar o que não mais serve. Para isso, o praticante pode queimar a carta de agradecimento, entregando simbolicamente ao universo tudo o que foi vivido no ano, em uma demonstração de confiança e entrega. O fogo, elemento de transformação, carrega as energias de volta à terra, permitindo que se dissipem e abram espaço para o novo. Durante essa prática, é importante que o praticante tenha uma intenção clara de desapego, confiando que tudo o que se foi cumpriu seu papel e que novas experiências e energias estão prestes a entrar em sua vida.

O ritual de fechamento do ciclo anual, na verdade, é uma celebração da vida em sua totalidade. Ao aceitar o que o ano trouxe — o bom e o difícil —, o praticante entra no novo ciclo com leveza, sem arrependimentos ou ressentimentos, e pronto para receber as novas bênçãos que o aguardam.

O ato final de celebrar o fechamento de um ciclo, especialmente o de um ano inteiro, carrega uma energia singular de renovação e alegria. Nesta parte do ritual, o foco é transformar a introspecção e o desapego praticados anteriormente em uma celebração viva, envolvendo a conexão com forças espirituais e com aqueles ao nosso redor.

O ritual começa com a preparação de um espaço sagrado, um ambiente cuidadosamente escolhido, onde os elementos celebratórios e espirituais convergem. Nesse espaço, o altar deve ser adornado com objetos que representem a transição entre o passado e o futuro. Velas, flores, cristais e símbolos de prosperidade — como sementes ou moedas — podem ser colocados de maneira a evocar uma sensação de renovação e esperança.

A música assume um papel central nesta fase. Ao contrário dos momentos mais introspectivos que precederam a celebração, a música aqui traz alegria e leveza, permitindo que o praticante e os presentes entrem em um estado de celebração vibrante. Mantras, cânticos espirituais ou até mesmo músicas tradicionais de celebração podem ser utilizados para elevar a vibração do ambiente. O uso de instrumentos como tambores, sinos ou pandeiros pode intensificar o ritmo e sincronizar as energias do grupo.

Uma prática comum neste momento de celebração é a dança circular. Movimentos simples, mas repetitivos, ajudam a reforçar a conexão coletiva, unindo a intenção de todos os presentes na mesma frequência energética. A dança, assim como a música, atua como uma ponte entre o plano físico e o espiritual, ajudando a ancorar as intenções que foram trabalhadas ao longo do ritual.

Após a abertura vibrante da cerimônia, os participantes são convidados a recitar orações ou mantras de agradecimento e bênção. Esses cânticos podem ser dedicados às forças divinas ou ancestrais, conforme a tradição espiritual seguida. A intenção é agradecer não só pelo ano que se foi, mas pela oportunidade de renascer energeticamente com o novo ciclo. As orações de proteção e prosperidade são também uma forma de consagrar o ano que se inicia, pedindo por saúde, amor e abundância para todos que estão presentes e para aqueles que não puderam participar diretamente.

No auge da celebração, as oferendas têm um papel significativo. Frutas, flores e alimentos preparados especialmente para a ocasião são oferecidos simbolicamente como um gesto de gratidão. Além disso, alguns participantes podem deixar pequenos presentes ou símbolos de suas intenções para o novo ano no altar. Esse ato fortalece o compromisso de todos com suas próprias transformações e suas conexões com as forças universais.

Um dos momentos mais esperados desta parte final do ritual é a partilha dos alimentos. Uma refeição comunitária ou o simples ato de compartilhar pães, frutas ou doces entre os presentes simboliza a união e a prosperidade que se deseja trazer para o próximo ciclo. Cada alimento partilhado carrega consigo as intenções de abundância e harmonia para todos.

À medida que a noite ou o dia avança, o clima de celebração vai se tornando mais suave, preparando os participantes para o fechamento do ritual. Neste momento, é comum que um brinde seja feito, simbolizando a recepção do novo ano com alegria e esperança. Tradicionalmente, taças são erguidas com líquidos simbólicos — seja vinho, água ou suco —, e palavras de renovação e desejo de prosperidade são compartilhadas.

Finalmente, o ritual se encerra com uma prece ou cântico de fechamento, em que todos, de mãos dadas ou conectados de alguma forma, expressam o desejo coletivo de que o novo ciclo seja repleto de luz, aprendizado e bênçãos. Os participantes, então, podem acender uma última vela ou um incenso, simbolizando a luz interior que guiará cada um em sua jornada pelo novo ano.

Este ato final marca o término não apenas do ritual, mas de um ciclo completo, com todos prontos para enfrentar o futuro com confiança, amor e um coração renovado. O espaço ritualístico é então desfeito, mas a energia gerada naquele momento é levada para a vida cotidiana de todos, ressoando nos dias e meses que virão.

Epílogo

Ao concluir a travessia pelas páginas deste livro, você se depara com uma verdade inescapável: a magia da transição não reside em rituais exteriores, mas na profunda transformação interior que eles despertam. Cada ritual, cada reflexão e cada intenção compartilhada aqui foi uma semente plantada no solo fértil de sua alma, pronta para florescer no tempo certo. O ciclo que se encerra trouxe lições valiosas, algumas amargas, outras doces, mas todas essenciais para a jornada que continua.

Neste ponto, você pode olhar para trás e perceber que o caminho não foi em vão. A cada prática, a cada novo hábito cultivado, você moldou não apenas o presente, mas também o futuro que o aguarda. As portas que você abriu para as energias do novo ciclo são agora parte de quem você é, e você carrega consigo o poder da escolha consciente: o poder de decidir, em cada momento, o que quer cocriar para sua vida.

Mas a verdadeira magia da transição é que ela nunca termina. O ciclo que se encerra é apenas o início de um novo, e você está eternamente imerso nesse fluxo de renascimento e evolução. Assim como as estações mudam, assim como o sol nasce e se põe, você também está em constante transformação. Ao internalizar o que aprendeu e praticou, você se torna cocriador da sua realidade, um alquimista da própria vida.

Lembre-se de que as intenções que você definiu não são apenas desejos efêmeros; são promessas que você fez a si mesmo. E agora, com o coração aberto e o espírito renovado, você tem todas as ferramentas para honrar essas promessas, para continuar plantando as sementes do que quer ver florescer em sua vida. Este livro foi um guia, mas o caminho que você percorre daqui em diante é seu. A cada passo, você constrói um futuro que reflete a sua essência mais verdadeira.

À medida que você avança, saiba que os rituais não precisam ser relegados a momentos de passagem anual. Eles são aliados poderosos, e podem ser revisitados sempre que sentir necessidade de reconectar-se com sua própria energia ou com as forças maiores que regem o cosmos. Cada vela acesa, cada banho ritualístico, cada intenção escrita em uma folha de papel pode ser um lembrete constante de que o poder da transformação está sempre ao seu alcance.

O ciclo continua, e você é parte dessa dança eterna entre o que foi e o que será. A magia que você despertou não se apaga com o fim de um ciclo; ela cresce, se expande e se aprofunda. E, assim como você conclui este livro, conclui também um capítulo importante de sua vida, mas com a certeza de que novos capítulos ainda mais extraordinários estão por vir.

Você está pronto para o que está por vir. E o que quer que o futuro traga, você agora sabe: a verdadeira magia está dentro de você.